浄土思想論

末木文美士
Sueki Fumihiko

春秋社

はしがき

私は日本仏教を専門にしていますが、できるだけ特定の宗派にとらわれず、全体としての流れを見るように心がけてきました。確かに今日の仏教は宗派が細かく分かれ、閉鎖化しているように見えます。しかし、もともとの仏教はそのような宗派の固定性はなく、もっと流動的で自由な活動がなされていました。「仏教」という枠さえも必ずしも確定したものではなく、海外との交流や土着思想との交渉など、常に開かれて変化していくダイナミズムに満ちたものでした。その中でさまざまな潮流やグループが生まれ、相互に関係しあって深めあい、理論や実践を展開させてきました。

そのような潮流の中で、重要なものに浄土教があります。阿弥陀仏を信じ、来世の極楽往生を願って、念仏を実践するもので、インドに由来しながらも、東アジアで大きく発展しました。出家修行者だけでなく、在家の信者にも受け入れやすいこともあって、さまざまなグループを横断して広範に取り入れられてきました。今日の浄土宗や浄土真宗などは、そこから発展して宗派化したものです。

近代になって、それまでのような素朴な阿弥陀仏観や極楽浄土観は大きく変貌を余儀なくされました。西方十万億土彼方に理想郷のような極楽浄土があり、阿弥陀さまが説法しているというような観念は、無知蒙昧な迷信にすぎないと否定されました。浄土教は、来世よりも現世における信の確立を中心とした近代的な宗教に作り変えられました。それはそれで成功したように見えますが、はたして本当にそれでよかったのでしょうか。近代の行き詰まりの中で、もう一度、非合理的として捨て去られた過去の思想や信仰が見直されなければならない段階に至っています。

例えば、近代が隠蔽し、追放してきた死や死者の問題が、近年大きく浮上してきています。大震災による大量の死者は、これまでのように死者の問題から目をそらすことを許してくれません。生者の傲慢は死者によってとがめられ、生者は死者なくして生きられないことは、もはや誰の目にも明らかです。しかし、近代の哲学や宗教は、死者とともに生きる知恵を提供してくれません。不安だけがあおられ、怪しげな来世本が流通することにもなります。そうした時代であればこそ、もう一度、死者と関わり続けた過去の浄土教に目を向けてみることが必要ではないでしょうか。

私は、修士論文で法然を取り上げて以後、浄土教の流れにずっと関心を持ち続けてきました。それは、単なる知的興味だけではなく、そこに切実に求めるものがあったからです。特に近年、死と死者ということを深く考えるようになってくると、浄土教の問題はそれだけ大きく迫ってきます。硬直した既存の教学ではなく、自分なりに納得できるように、歴史を振り返り、浄土教を捉え直していく作業がどうしても不可欠になってきました。

たまたまこの数年、浄土教に関して講演やシンポジウムで発表を依頼されることが多く、その記録をまとめると、浄土教の問題をかなり広くカバーできるようになりました。そこで、それらをもとにして、どの章も大幅に手を入れ、全体として通読できるようにしました。第一章で、今日の問題意識に立って浄土教をどのような観点から見ていけばよいかを考えたうえで、第二章以下では、インドの経典の成立から近代日本に至るまで、ある程度歴史的展開を追いながら、浄土教、あるいはそれと関連する仏教全般の問題を、さまざまな角度から論じてみました。

当初、全体を通じて何か一貫した見方を示すということは想定していませんでした。しかし、全体を読み返しながら手を入れていくと、そこに自ずから浮かび上がってくるものがあります。それは、理論的に矛盾を排除し、合理的に解釈してしまっては失われてしまう両義性の重さです。例えば、浄土教の中には、他者性と空という反対方向のベクトルがあり、その緊張関係の中に展開していきますし、現世的要素と来世的要素が併存しています。また、自力と他力とを単に対立的に捉えることはできませんし、宗教と倫理は別領域に切り分けられるだけではなく、相互に密接に関係しています。

このように、合理的に解消できない両義性や曖昧さをもう一度見直し、その意味を考えていくことが必要そうです。そのことは、単に浄土教の問題に限られません。仏教全体の解釈の問題にもなりますし、もっと言えば、私たちが世界や人間を考え、そして生きていくうえで、極めて大事なことと言ってもよいでしょう。一義化された合理的な理論では納得しきれない微妙な違和感を切り捨てずに、こだわるところから、合理性の暴力に立ち向かう柔軟な思考が可能になるように思います。そうしてはじめて、死者とか来世とかいう問題と取り組むことができるのではないでしょうか。

書名は、鈴木大拙の『浄土系思想論』を多少意識しています。自分を大拙に較べるほどの傲慢さは持ち合わせませんが、志としては、大拙のように、浄土教を宗派的な枠を外して、自由な目で見直せればと思っています。少しは新鮮味があり、こういう見方もできるのかと思っていただけたら、本書の意図は達せられたことになります。かなり大胆な思い付きを記したところもありますが、誤解や不適切な理解がありましたら、ご指摘いただければ幸いです。

講演などに呼んでいただき、拙い発表の場を与えてくださった方々にお礼申し上げます。編集には、春秋社のベテランの佐藤清靖氏とともに、新人の豊嶋悠吾氏に担当していただいたことを、嬉しく思います。

二〇一三年五月

著　者

浄土思想論

目　次

浄土思想論

第一章　現代における浄土教の課題

一　現代仏教学の必要性

これから少し浄土教についてお話したいと思います。仏教の中でも、浄土教はいささか特殊なように思われていますが、他方で、日本では浄土宗・浄土真宗などの勢力は大きく、むしろ日本仏教を代表する観があります。そうしたことも日本仏教の一つの特徴かと思います。本書では、このような浄土教を手掛かりに、日本の仏教の問題を歴史と現代にわたって考えてみたいと思います。

最初、現代に引き寄せたことからお話しさせていただきます。と言うのも、歴史というのは客観的にあるわけではなく、それを見るものの立場に強く制約されているからです。歴史と現代は常に交錯しています。とりわけ最近の研究では、今日常識化している歴史の見方は、近代になってから作られたものであることが、はっきりしてきています。それを検証しながら、過去をもう一度読み直していく作業が必要です。

私は最近、いろいろなご縁で、浄土真宗はじめ、仏教の宗派の集まりに呼んでいただいて、お話しさせていただくことが増えておりますが、それぞれの宗派が別々に独立して活動しています。それは当然と言えば当然ですが、しかし、同じ仏教として今の日本の同じ状況の中で同じような課題に直面しているはずで、本来ならば共通に智慧を出し合ってもいいはずなのに、それがほとんどなされていないような感じがいたします。私自身は在家で宗派に関わらない立場ですので、勝手なことをいつも言っているのですが、それでも私なりに仏教の立場に立つ人間として、今の仏教界がもう少しどうにかならないかと思っています。

もっとも東日本大震災を契機に、多少変わりつつあるところもあります。大きな災害の中で、宗派にこだわったところで何にもなりません。しかも、これまでは仏教など世の中の隅に追いやられていたのが、急に注目されて、人々に求められるようにもなっています。そういう状況だからこそ、しっかりと歴史を踏まえ、思想を確立していかなければなりません。ただ目先の問題に対処するというのではなく、根本のところに立ち返って、仏教というものを考え直し、鍛えていかなければ、所詮はうわべだけの変化に終わってしまうでしょう。

今日、仏教研究の共通の場としまして、日本仏教学会とか日本印度学仏教学会とかありますが、そうした学会での研究は、基本的に言うと歴史的な研究が主で、中には実践的な課題に立つ発表もありますが、それは必ずしも主流ではないように思います。私自身、仏教学の出身ですし、今でもベースはそこにあります。そのいちばんの基本は古典文献学にあります。サンスクリットの文献を扱ったり、あるいは中国や日本のものでも古典的な文献を正確に読んで読解するということがいちばんの課題とされていまして、それは非常に重要なことだと、私も思います。そういう場では宗派を問わずに共通で議論ができます。しかし、同じ印度学仏教学会でも宗門の研究になりますと、その宗門の人たちだけの問題に閉ざされてしまって、なかなか開かれていかないという問題があると思います。

もともと日本の近代の仏教学は、いわば諸宗派に共通する古典文献学としての仏教学と、もう一方は各宗門の宗学とがドッキングするようなかたちでできあがってきております。宗学と言っても、具体的には真宗学であるとか禅学であるとか、あるいは、密教学であるとか、そういう具合に宗派ごとに別々にあるので、宗学という一つの学問がまとまってあるわけではありません。もちろんそれはそれで必然性はあることですし、そうやって各宗派で研鑽を積むことも大事ではありますが、今日のような状況で考えると、共通の古典仏教学に対して、もっと仏教界全体が智慧を出し合うような現代仏教学とでも言うような、そういう学問があってもいいのではないかということを、最近あちこちで言っています。今のところ残念なことに反応は芳しくなく、すぐには賛成してもらえないようです。

確かにそれぞれの宗派では、いわば現代宗学のようなことを盛んに言っていまして、問題意識がないわけではありません。しかし、それが相互に結び付いていきませんし、掛け声だけで必ずしも十分に深められていません。今の状況は仏教界にとってもそれほど安閑としていられるような時代ではありませんし、また仏教が本当に力を発揮しなければ、時代そのものが危ないと思われます。そのような状況の中で、もっと仏教界が全体として考えなければならない問題があるのではないかと、そのようなことをあちこちで話させていただいております。

それでは、現代仏教学はどういうかたちで成り立ちうるのかと言いますと、どの宗派でも共通の課題を抱えています。一つ大きいのは、今まで伝統的に維持されてきた檀家制度と、いわゆる葬式仏教の問題です。実態として、お寺の経済は葬式あるいは法事に依存してきているのが大部分でしょう。それが今急速に壊れつつあるというのもまた事実であろうと思います。それは特定の宗派だけではない問題として、時代の問題として考えなければならないだろうと思います。

そういう中で、いったい宗教的な実践と言うのがどうあればいいのでしょうか。それは確かに宗派によって違うものでして、真宗の場合であれば信仰のあり方が問題となるでしょうし、禅宗の場合であれば坐禅の問題になるし、また密教の場合であれば密教的な行と、それぞれ別々です。その基礎がしっかりしていなければならないことは間違いありませんが、同じ日本という場で仏教として共通性を有していれば、何らかのかたちで共通の問題が生まれるのではないかと思います。

最近の状況で考えますと、よく取り上げられます社会参加仏教と言われるようなものに対して、どういう態度を取るかということは、一つの大きい問題ではないかと思います。少し前に浄土系の宗派で児童虐待の問題を取り上げようとしたら、「それは念仏ではなくて雑行になるから宗派として認められない」ということがあって、問題になったことがあったそうです。以前、浄土真宗本願寺派の教学伝道センター所長をしておられた上山大峻先生とお話した時、同じようなことを伺いました。若い方々が海外のボランティアに積極的に行こうとすると、「それは他力の信心に反する自力の行だ」というストップがかかったことがあったそうです。

このような問題は、東日本大震災のときのボランティア活動の際にかなり表面化したようです。現場では、それが自力か他力か、念仏か雑行か、などという議論はそれこそ机上の空論で、たとえ自力とされても、雑行とされても、やらなければならないことをするまでです。そこに本山の教学とのずれが生じたということです。それに対して、ある真宗の方からは、それは信心の問題とは別で、世俗のことであるから教学の問題ではないというようなことも伺いました。実はこれは、真俗二諦説と言いまして、真諦である宗教の問題と俗諦である世俗の問題を完全に切り離し、世俗のことは世俗に任せるという考え方です。戦争中、この真俗二諦説に基づいて、真宗教団が戦争協力に走ったことはよく知られています。それが反省材料となっているはずなのですが、またまた同じことが今言われているのには、いささかショックを受けました。

少し前にブライアン・ヴィクトリアという方が『禅と戦争』（原書、一九九七。和訳、光人社、二〇〇一）という本を出しまして、話題となりました。禅の老師方が昭和の戦争期に皆こぞって戦争協力をしたということを証拠を挙げて論じて、世界中に大きな衝撃を与えました。ブライアンさんという方は、非常にまじめで、ご自身でも曹洞宗の禅の修行をされて、僧籍もお持ちです。彼が修行していたときに、ベトナム反戦の活動に加わろうとしたら、師匠から、「おまえたちは坐禅に専念すべきで、政治に関わるなどけしからん」と言われました。そこで、疑問を感じて調べてみると、とんでもない、禅の老師たちがみんな戦争を賛美していたではないか、それではそういう老師たちの行為はどうなのだというわけで、それがこの本に結実したわけです。

そういう問題をもっとまじめに考えなければいけないのではないでしょうか。はたして、そういう社会的な活動がいったい許されないことなのかどうかも考えないといけません。そう言い出せば、お寺の中には駐車場をやってお金を儲けたり、不動産で稼いだりしているところだってあるわけです。それは自力の雑行にならないのか、これはやはり真剣に考える必要のある問題ですし、それも宗派を問わず考えなければならない問題ではないでしょうか。

仙台を中心に在宅ホスピス運動を展開した岡部健先生は、宗教界にも大きな問題を提起し、東日本大震災後の宗教界の活動の中心ともなっておられましたが、二〇一二年に亡くなりました。私は二〇〇九年一〇月に東北大学で開かれた日本思想史学会のときに、岡部先生たちが組んだパネルをお聞きしましたが、たいへん興味深いものでした。この学会は思想史の学会ですから、だいたい過去のことをやるのが普通だったわけですが、初めてパネルで現在の在宅ホスピスの問題を取り上げたのです。岡部先生は思想史の専門の方と研究会をやって、その成果を発表するというパネルでした。

その時に岡部先生と少しお話したのですが、先生が言われるのは、お医者さんというのはだいたい近代的な世界観の持ち主であって、宗教性というようなものには無理解なことが多いそうです。ところが、在宅ホスピスというと、主に癌の末期の患者さんが中心なわけです。そういう患者さんも、最初は自分の死とか死後の問題とかはほとんど考えておらず、生きてるうちに頑張ればいい、みたいに言っています。しかし、次第に弱って本当に最期になってくると、伝統的な世界観と言いますか、ご先祖様のところに行くのだとか、あるいは亡くなった両親のところへ行くのだとか、そういうふうにだんだんなっていくと言います。ところが、そうなったときに、医者では対処できません。なぜかというと、科学を支えている世界観では、そういう死後のことをいっさい問題にしないし、してはいけないという立場を取るからです。

ホスピスなどはそういうところから出発していますが、それはもともとキリスト教の方から出てきたもので、キリスト教の牧師さんなどには熱心な方もおられますが、しかしそれはそのまま日本では当てはまりません。日本ではそれに対応して、浄土真宗でもビハーラの運動などしています。しかし、どうも一般の人たちが在宅で最期を迎える時の来世観と言いますか、あるいは世界観と言いますか、それは、そういう強い宗教性を持っているのと違っています。それが何なのか、それをもっと思想史の中からきちんと見極めていかなければならないというので、岡部先生はそのようなことをお考えになっておられて、非常に興味深いことでした。そういう問題に対して、伝統の宗教というのが、おそらく大きく役立つ、あるいは役立たなければいけないはずです。岡部先生は亡くなる前、お迎え体験というのに非常に関心を持っていたそうです。

近代の仏教の言説は、特に真宗などでは、基本的に非常にキリスト教に影響されていて、浄土教をキリスト教的な一神教に引き寄せて理解します。そこで、浄土教は近代的な宗教である、親鸞（一一七三～一二六二）の教えは極めて近代的だと言って、それを推し進めてきたために、一般の人たちの伝統的な死生観あるいは死後観、そういうものから浮いてしまっているのではないかということが、深刻に反省されなければなりません。

本当はもっと仏教がさまざまなかたちで医療、福祉、老人の問題、あるいは子供の問題も含めて教育の問題や、貧困などの社会問題、それから海外の平和活動、いろいろな面で関わっていくことへの要求がものすごく大きいのです。私はもともと現代社会の問題を対象に研究してきたわけではありませんでしたが、そういう面で仏教にいったい何ができるのかと聞かれることが非常に多く、マスコミの取材を受けるときにも、その方面がいちばん注目されています。それに対して仏教はどれだけ応えられているのだろうかというと、非常に心許ないのではないかと思います。確かに大震災の時にも仏教者は活躍しました。でも、それが理論的に基礎づけられなければいけないのではないでしょうか。それがほとんどなされていないのではないかと思います。

その問題は、一方で現代の先端というか、未来へ向けての問題であると同時に、他方で歴史を遡れば、近代の中での仏教がどうであったのかという問題に戻って反省していくことが同時に必要です。過去の戦争協力問題、植民地問題など、最近は少しずつ解明が進められつつありますが、でもまだそれが十分に分かっているとは言い切れない、もどかしいような状況があります。また、日本の仏教を考えていくためには、同時に海外の仏教がどうなのかということを、もう一方で常に考えていかなければなりません。日本の仏教は日本の仏教としての特性はあるし、それを外国に合わせる必要はありませんが、例えばチベットのダライ・ラマの活動が我々にとってどういう意味を持つのか。あるいは南伝系仏教などにおけるエンゲイジド・ブッディズム（社会参加仏教）、これは最初はベトナムの僧侶の平和運動の中から出てきた言葉ですが、上座部のお坊さんたちによっても新しいかたちで切り開かれていったものです。そういうものをもう一方で学び直していく必要もあるでしょう。

そういう現代的な問題を、今度は教学的にどのように見ていったらいいのでしょうか。親鸞は本当に人のために努力することをやるなと言っているのであろうか、困っている人がいたら見捨てろと言っているのであろうか、そういうことを含めて、もう一度新しい目で親鸞の思想も見直していかなければならないのではないでしょうか。

教条主義的に親鸞の教えを捉えたら、例えば今の門主制度だって、親鸞はまったく言っていません。でも、皆さんはそれに従っています。だから門主制度が悪いわけではなくて、時代によっては、親鸞の教えにプラス何かがなければならないことだってあるわけです。それをきちんと教学的に押さえ、基礎づけていかなければいけないのではないでしょうか。それは親鸞だけではなくて、いろいろな宗派で同じような問題を抱えています。例えば曹洞宗でも、道元（一二〇〇～一二五三）はともかく坐禅をしろと言いました。ところが後になって、瑩山《けいざん》（一二六八～一三二五）が曹洞宗を広めるわけですが、この段階でいろいろな俗信仰のようなものを取り入れていきます。葬式仏教も曹洞宗では非常に早くから取り入れています。このように、道元主義だけでいかないものが曹洞宗の中にもあります。こういうことは諸宗派共通の問題として議論できるのではないでしょうか。だから、私としては懲りずに、宗派の方々に眼を開いてくださいとお願いしているのです。

二　思想状況の変化と死生観

それでは、もう少し立ち入って、今のような日本の状況、宗教的な問題も含めてですが、さらには世界的な状況というものがどういうものなのか、少し時代を遡ったところから考えてみようということが、次の課題です。

戦後の明るいイメージで進んできたのはだいたい一九六〇年頃までで、六〇年にいわゆる安保闘争というのがありまして、それまでの知識人などが、日本はよい社会が来ると言っていたのが、はたして本当だろうかという懐疑的な屈折が起こってきます。七〇年代には今度は全共闘の問いが来て、やがてそれが過激派と言われるかたちになって挫折しました。八〇年代は一種の思想的な空白期のようになりますが、では空白期を過ぎてその後何か新しい動向が確立してくるかというと、むしろ九〇年代以降の状況は、それまでの制度的あるいは思想的状況が一気に崩れていくような、そういう時代だったでしょう。一九九〇年にベルリンの壁が壊されて東側・共産圏が崩壊してしまいます。そういう中で、日本の社会でも一九九五年には阪神淡路大震災が起こり、その直後にオウム真理教の地下鉄サリン事件があって衝撃を与えました。いわば激動の時代、それが九〇年代です。その後さらに世紀が変わって九・一一テロからその後のイラク戦争に向かって、世界的な混乱状態が起こってきます。

そういう中で、日本だけでなく、世界的にも今までの既成概念が壊れていきます。やがていつかは理想社会がやってくるという希望のもとに成り立っていた社会主義・共産主義の運動が、結局はきわめて全体主義的で人々の自由を踏みにじるような国家しか作れなかったことは大きな絶望を生みました。かと言って、資本主義社会がそれほどすばらしいものでないことは明らかです。日本経済は一時期のバブルの後、どんどん先細っていきますし、少子高齢化はますます深刻になってきます。こうして、いくら頑張ったところですばらしい未来など描けないのだという、悲観的な状況が続いているのであろうと思います。

そういう状況の中で、一時期、若い人たちが新々宗教と言われるような宗教に拠りどころを求めることもありましたが、それもオウム真理教事件があって、結局宗教なんて所詮まやかしではないかという冷めた認識に変わってしまいます。新しい宗教だけでなくて、同時に既成宗教にもそういう疑いの目が向いていきます。新しい宗教はいかがわしいが、古い既成の宗教、既成の仏教だったらいいと言えるほど、自信を持って勧められるようになったわけではありません。東日本大震災の後で、伝統宗教の再発見が言われますが、それで自慢できるほど、既成の仏教が立派とは思われません。

そういう時代の中で、私が注目したいのは、これまでほとんどタブーにされていた死後の問題、死んだらどうなるのかのような問題が急速に浮上してきたことです。死とか死後の問題というのは、戦後の状況の中ではまったく考えるべき問題とされませんでした。これは、一つには戦後では経済復興が第一の課題で、生きていくのに必死であり、心の問題とか、まして死の問題など、よけいなことと考えられたということがあると思います。もう一つには、戦前・戦中の非合理的な国家主義への反省から、戦後は近代的な合理主義の時代になり、合理的な世界観では解決できない死の問題など、遠くに追いやられたということもあったでしょう。

よく知られているように、広島の原爆死没者慰霊碑に「安らかに眠って下さい　過ちは繰返しませぬから」と書かれています。生きている人できちんとするから、死んだ人は眠っていてくださいというわけで、死者を向こうに追いやってしまうことになります。「永眠」という言葉がいつから流行り出したのか知りませんが、おかしい言葉ですね。死んだ人は永遠に眠ってしまって、この世は生きている人の天下だと。これはやはりおかしいと思います。しかし、それがおかしいとも全然思われなかったのです。そういう時代がずっと続いていたのです。

それが二〇〇五、六年頃に「千の風になって」という歌が流行りました。自分が亡くなった後で千の風になってなどという死んでからの話なんか、それまでだったら考えられなかったことです。私自身もずいぶん長いこと宗教の研究をしてきて、死の問題もずっと若いころから考えていましたが、でもどちらかというと生きているうちに精一杯生きれば、その先のことは考えなくていいというように思っていたのです。それが、二〇〇〇年頃にいろいろ行き詰まったりして、もう一度死の問題を考えていく中で、死者、つまり亡くなった人とどう関わっていくのかという問題が、自分の中に浮上してきました。その頃、そのようなことを言うと、聞いていた人たちからものすごく変な顔をされたのです。何をばかなことを言うのか、ちょっとおかしくなったのではないのかみたいな、そんな目で見られていたのです。

ところが、そういう死者の問題をやっていて数年したら、「千の風になって」という歌が流行り出して、死後の話が世の中で当たり前になって、日本中がそんな歌を合唱するような時代になってしまいました。これはどうなってしまったのだろうと思っていたら、二〇〇八年には、映画で「おくりびと」が大ヒットしました。そういう問題に関心があったので早く観に行ったのですが、でも、このような映画を観る人は特殊な人で、私は感動するけれども、葬儀や死者を扱った物語で感動するのはごくわずかな人だけだろうと思っていました。そうしたらとんでもない、大騒ぎになって、それでとうとうアカデミー賞まで取ってしまいました。日本だけではなくて海外でも共感をもって見られました。私のような考えをしている人間にとっては、喜んでもよさそうなものですが、どういう時代になってしまったのかと、逆に少し怖くなってしまいました。今思うと、大震災後の状況を予兆するようなところがありました。

よく言われていることですが、「千の風になって」でも「おくりびと」でも、死後の問題を扱いながら、その中に宗教が出てきません。特に「おくりびと」の方は、もともとが青木新門さんの書かれた宗教的な本だったのに、その宗教的なところをカットするかたちで映画ができています。著者との間でいろいろやりとりがあったようで、それがニュースになったりもしました。しかし、あれは我々が見ても、特定の宗教色を抜いたから感動できるもので、ある特定の宗教の立場でやっていたら、おそらくそれだけの広い共感は呼びえなかったでしょう。

二〇〇四年に『明治思想家論』（トランスビュー）とか、『近代日本と仏教』（トランスビュー）という本を出したときに、多少話題になりまして、新聞社の人に取材を受けました。その時、死とか死後の問題、あるいは死者の問題とかそういう話をしたら、「先生のおっしゃることはおもしろいけれど、こういうことは記事にならないですよ」と言われ、実際に記事になりませんでした。ところが、その後数年ならずして、そういう問題が正面から問われるようになりました。

だから、ここ数年間の変化というのは、激変といってよいほど大きいものがありました。それは、大震災があったからというだけではなく、その前からこのように宗教への関心が非常に強くなってきていて、とりわけ仏教に関する関心は強いものがあります。ただしそれは、非常に逆説的なのですが、仏教教団にとっては、すごく危機的な状況になってきています。今問題視されている、直葬（じきそう、ちょくそう）と言われる、宗教儀礼を伴わない葬儀のやり方は、東京だと数割に上ると言います。京都に来るとそもそもお寺も多いし、宗教的雰囲気がまったく東京と違います。関西の方に来ると、新聞などでも、宗教や仏教、お寺の問題が大きく取り上げられます。宗教記者クラブがあって、優秀な記者も大勢いますが、東京ではそういうことはまったくありえません。東北も宗教的な雰囲気の濃厚なところです。

東京では、本当にそういう雰囲気はなくなっていますので、直葬が増えるのも無理ないとよく分かります。そうなっていくと、どんどん既成の教団離れが進みます。しかし、そうやって既成の皮が剝れていけば、それだけ不安も大きくなるわけです。それが、いわゆる「宗教無き死への関心」というものになっていきます。それを防ごうと、本願寺派などでは東京布教に力を入れていると伺います。

おそらくこれからの寺院は、地域によってかなり違いが出てくるでしょう。東京のようにお寺離れの進むところも出るでしょうし、過疎の地域では、信心深いお年寄りが多くても、遠からず村落自体が成り立たなくなり、寺院の経営も困難に陥るでしょう。その中間辺りでは、もうしばらくは現状維持が続く可能性があります。ですから、一律にお寺の将来がどうなると言い切れないところがあります。

そうなると、お坊さんも一律にはいかなくなるでしょう。お葬式に行って、その場だけのお説教をすれば済むというわけにはいきません。葬式でお坊さんの話を聞くと、いかにも偉そうな顔でお説教しますが、かえって信頼されません。本当に亡くなった方のことを思っているのかと、腹立たしくなることもあります。檀家としっかりした関係を持っているお寺ならばよいのですが、大都会で、アルバイトのようなお坊さんでは、故人のことを知らないのですから、無理もないのですが、それにしても、どこか上から目線のような方が多すぎる気がします。

私もずっと長い間教師をやってきましたが、教師というのも上から目線で話をしなければいけないということがあります。でも、分からないことは分からなくてよいし、人間は誰でも同じような弱みを持っているのですから、そこから出発して、何を一緒に気づき、築いていくことができるかと、そういうふうに考えていってもいいのではないかと思います。これが正しいというような解決はありません。相手を洗脳するような態度だと、教師であっても僧侶であっても、本当に信頼されることはありません。やはり柔軟性をもって、しかも誠実な態度が必要になるのではないかと思います。仏教の立て直しも、そういう身近なところから出発すべきではないでしょうか。

三　世界観の構造

そういうわけで、私は教団の外にいる人間ですが、その立場で仏教をどのように見直し、どのように身につけていけるのか、私なりに模索しています。その模索の現状を少しご報告しましょう。二一頁の三つの図をご覧ください。これは、日本の伝統的な考え方を近代的な考え方と較べて、いったいどのような世界観に立っているのかということを、試行錯誤しながら図式化して描いたものです。次章でも取り上げますが、自分でもこれはけっこう自分の考えをうまく説明できていると思いまして、あちこちで振り回しています。最初第3図を考え付いて、その後、前の二つを付け加えてみました。

そこで図に基づいてご説明しましょう。最初の図1は，いちおうキリスト教の世界観としましたが、キリスト教の人には少々不評でして、キリスト教の世界観はそれほど単純ではないと批判されています。あくまで日本人が近代になって受け入れた、いわばステレオタイプ化したキリスト教、特にプロテスタント的な世界観だという条件付きでいちおうお許しいただいています。そこでは人間同士は隣人愛で結ばれるわけですが、その世界を超越者である神が創造したというのが基本にあります。その神が超越的なかたちで支配しているという構図で、創造者である神の愛があってはじめて、人間同士の結び付きも可能になります。

ところが近代になってからどうなるかと言うと、その絶対者であり超越者である創造神が消えてしまうわけです。それが科学の世界であり、極端に言えば唯物論のような世界ができあがります。したがって、それは図2のような世界観になるわけです。先ほど触れましたように、例えば今の時代のお医者さんなどがベースにしているのは、基本的に言えばこのような世界観です。そこでは死後のことを含め、この世界を超えた問題というのはいっさい入ってこないわけです。

実は近代の仏教はどうかというと、こういう方向を目指してきました。近代の日本人にとっては、西洋が進んでいるのだから、西洋のまねをしろというわけです。そこで、それがいちばんやりやすかったのが浄土真宗なのです。つまり、阿弥陀仏をキリスト教の神に置き換えれば、図1と非常に似た構図ができます。したがって、浄土真宗が近代の日本仏教の中でいちばん威勢がよかったのです。それに対して何が威勢が悪かったかというと、密教です。例えば、マックス・ウェーバー（一八六四〜一九二〇）という有名な学者が近代の特徴として挙げているのは何かと言うと、呪術からの解放ということです。非合理的で呪術的なものがなくなり、合理化されるのが近代だというのです。そうすると、まさに密教などでやっている祈禱はそういう呪術の中に含まれるわけです。したがって、密教的なものは迷信として否定されていくことになります。

密教は総合的な世界観を持っていて、それだけ複雑です。ところが、そのような複雑な世界観は科学に合致せず、非合理的だということで否定され、どんどん単純化、純粋化していきます。それは同時に、総合的な世界観を捨てて、宗教は世俗と関わらない信仰世界だけに限る方がよいということになります。真俗二諦説的な発想です。そうやっていちばん純粋化されたものは何かと言えば、一方では浄土信仰で、もう一方では禅なのです。だから、近代の日本の知識人に対して受けがよかったのはこの二つで、念仏や禅は、近代人にとっていちばん納得のいく宗教ということになりました。これ以外の仏教には密教的な要素が混じり込んで迷信的であって、前近代的

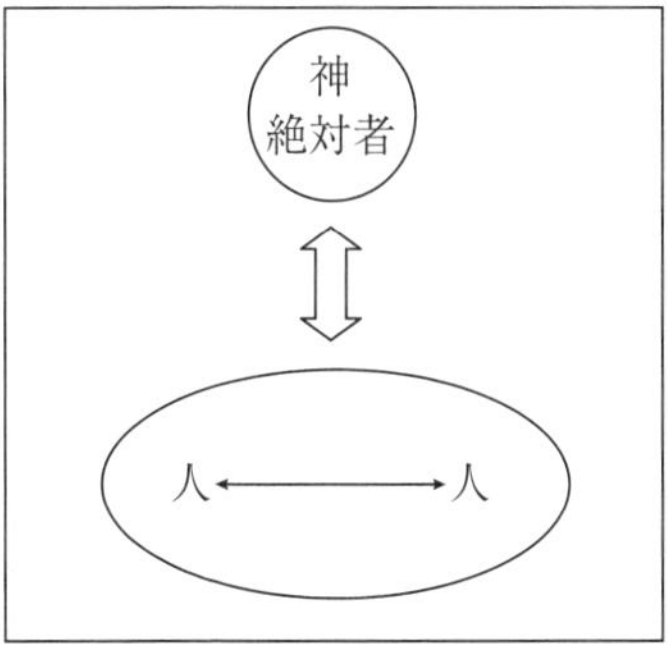

図１　キリスト教的世界観の基本的枠組

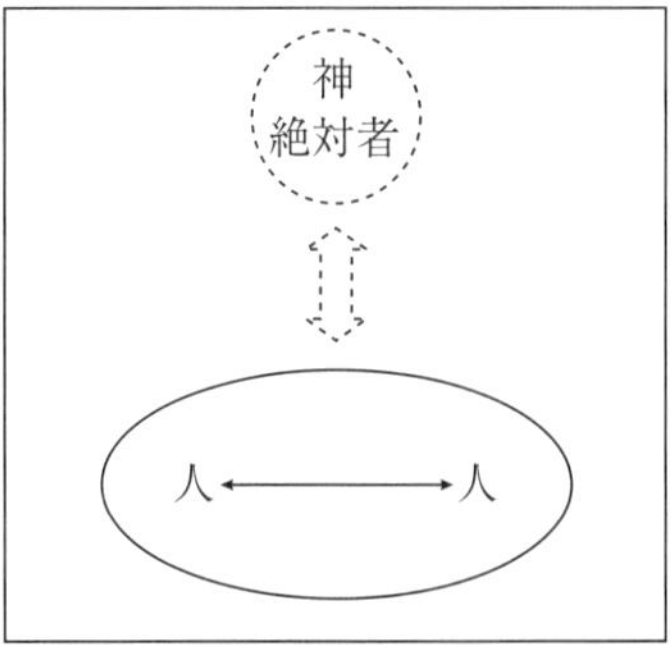

図２　近代的世界観の基本的枠組

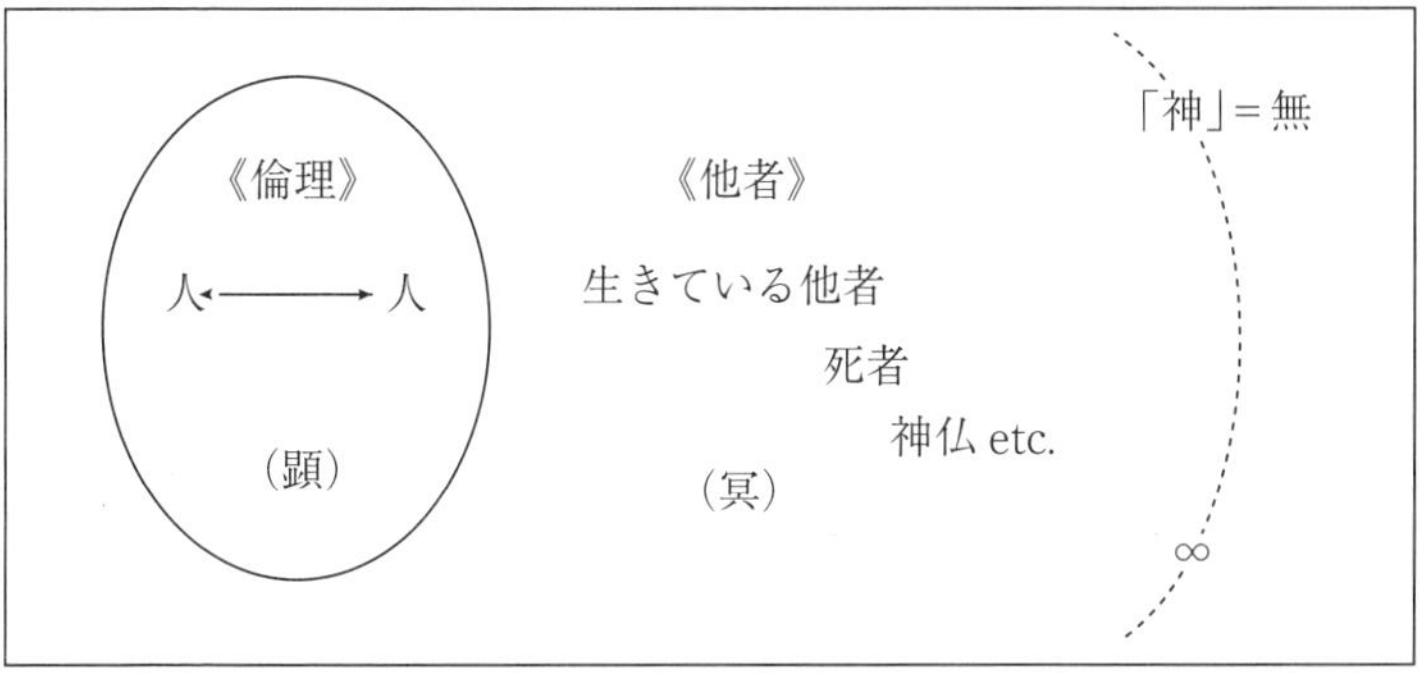

図３　日本宗教に基づく世界観の基本的枠組

な古臭いものであって捨てなければならないと見られました。ですから、密教は長い間、真言宗や天台宗の宗門の中ではともかく、その外ではほとんど無視されていました。

ここ二、三〇年前頃から、ようやく密教が見直されてきました。基本的には、近代の行き詰まりの中で、もう一度そこで否定されてきたものを見直そうということなのですが、その際、密教を含むチベット系の仏教が世界的に再評価されてきたことも影響しているでしょう。また、密教寺院の古い文献の調査が進んで、密教の世界観が明らかになってきたことも注目されなければなりません。

もとに戻りますと、そういうわけで近代の浄土真宗は図1のキリスト教モデルで考えられてきました。しかし、はたしてそれが本当に日本の中に根付いた仏教なのでしょうか。あえて仏教と言わなくても、日本人の宗教性というものはどういったものなのでしょうか。そう考えると、西洋的な神と人との二元論では理解できないのではないかと思って、それを図式化してみたのが図3です。図3は、図1や図2と較べてみれば分かるように、絶対者的なものと我々のちょうど間の領域、中間領域みたいなものを考えています。そういう領域が、我々の世界で大きな役割を果たしているのではないでしょうか。図1で下の方の楕円は、人と人が隣人愛を通して関わる領域ですが、人と関わる自然界をも含めた領域です。図1では、それが神と直結して、その中間には何もありません。図2では、その神がいなくなるので、人間界・自然界が唯一の世界となります。

図3では、左側の楕円は図1、2の下の楕円と同じですが、その周囲にそれを囲む大きな領域

があります。その中間領域を認めようというのが、図3の特徴です。その楕円、別に楕円でなくてもいいのですが、人間が相互に関わる、あるいは、自然界など含めて、合理性をもって解明されるこの世界の構造です。それをひとまず「倫理」の領域と呼んだのは、そこでは人と人との関係が、秩序立って築かれるからです。その秩序が「倫理」だと言うことができます。言ってみれば、人と人が関わるルールです。その外に広がる領域を「他者」の領域と呼んでみました。「他者」とは、「倫理」の世界のようにルール化できない相手です。

私たちが付き合う他の人たちは、了解可能とされる限りでは「倫理」の領域に含められますが、それで完全に理解できるわけではなく、理解を超えた「他者」の面を持っています。そればかりではありません。以下に述べるように、死者や神仏のように、はじめから私たちの理解を超えた他者もあります。その「他者」の領域が、中間領域を形成します。図1では上下で表わした図を、図3では横に広がったものとして示しましたが、それは、上下の支配・被支配の関係ではないということです。むしろ「倫理」の世界を囲んで広がっていると見るべきでしょう。垂直軸よりも水平軸を重視した見方ということができます。

そのいちばん遠くに、無限遠方に、絶対者的な究極的なものを考えていいと思うのです。ただし、それは必ずしも縦の上下関係ではなく、むしろ奥の奥というような感じで考えればよいでしょう。したがって、横の方で無限大の点線にしまして、しかも、それは有るとか無いとかという言葉で捉えられないものですから、例えば、西田哲学でいう無に当たるものと考えられます。そういうわけで、その中間領域は、了解しえないけれども、我々は関わらざるをえないそういうものの領域と言うことになるわけです。その典型として、死者が考えられるのです。

私はもともと、死の問題から、死者の問題へと進んで考えるようになっていきました。亡くなった人がどうなって、どこに行くかというと、本当のところはまず分かりません。お浄土にいるかもしれないけれど、そこに往って確認したという人は、いないはずです。最近の人は、浄土よりも天国という言い方をしますが、どうもキリスト教の天国とは違いそうです。それにしても漠然としていて、どういうところなのか分からない、分からないけれども、でも、亡くなった人との関係がなくなるかというと、そうではありません。

死んだ人がいるとかいないとか言ってもそれは証明しようがありません。けれども、そういう客観的な存在としてあろうがあるまいが、それは問題ではないのです。親しい人が亡くなってみれば、喪失感というかたちで、死者は生者に影響を及ぼします。あるいは何かの時には亡くなったはずの人に話しかけたりしています。そういう時に、死者が客観的存在であるとか存在するか否か、などということは問題にしても仕方がありません。死者と何らかの関係を持つという事実から出発すべきではないかということになります。私はそれを、サルトル（一九〇五～一九八〇）の「実存は本質に先立つ」という言葉をもじって、「関係は存在に先立つ」と言っています。

そう考えていくと、すごく急速にその先が開けてきまして、例えば、日本の神とか仏とかが、私たちと同じようなかたちでいるのかと言えばそうではありません。仏がいると言ってもいいのですが、その時、仏がいるということの意味は、私がここにいる、あるいは皆さんがここにいるということとは違うはずです。阿弥陀仏の存在を客観的に証明しようとしても、できるはずがありません。法蔵菩薩が修行して阿弥陀仏になったと言っても、そのようなことは寓話にすぎないと言ってしまえば、それまでのことです。

それでも、阿弥陀仏と関わるということは、現実の問題なのです。そうであれば、いるとか、いないとか言葉で考えるならば、それはものすごく誤解を招くのではないでしょうか。だから、非常に極端に言ってしまえば、いてもいなくてもかまわないわけです。でも、それでもやはり何か関係を持たざるをえない、そのことの方が大事なのではないでしょうか。大谷派の近代的な教学を確立した清沢満之《きよざわまんし》（一八六三～一九〇三）や曽我量深《そがりょうじん》（一八七五～一九七一）は、デカルト（一五九六～一六五〇）の「我思う、故に我あり」をもじって、「我信ず、故に弥陀あり」という言葉をよく使います。それは、一見自分勝手な人間中心主義に見えるのですが、そうではありません。自分が関係することによって、はじめて弥陀の呼び掛けの声が聞こえてくるのです。自分が関係しなかったら、そういうところでは阿弥陀仏の呼びかけは意味のないものになってしまいます。関わる私があって、はじめて阿弥陀仏の役割が出てくるのです。

私たちはなぜ今までそのことを間違えて考えていたかというと、ヨーロッパの哲学というのがいつも前提になっていたからです。例えば、ハイデガー（一八八九～一九七六）の存在の哲学が日本で流行しまして、日本の哲学者たちもその真似をして、存在こそ根本だというようなことを言います。だが、どうしてそれほど「存在」ということにこだわらなければならないのか、そのことを、全然分かっていないのです。ヨーロッパの哲学だったら、キリスト教が前提とされて神の存在が問題とされます。人間がある以前に神があるわけです。「ある」ということは、まず、神に関して言われます。人間が不完全な存在であるのに対して、神は完全な存在です。だから、常に存在というものが根本にあります。

しかし、日本の場合はそういうふうに考える必要は全然ありません。そう考えると、すごくスッキリしてきました。存在するかどうかということより、どう関係を持つかということが問題です。そこではじめて気がついたのですが、それは仏教でいう縁起に当たります。つまり、お互いに関わり合っているということですね。そのように、絶対的に「ある」(有)とか「ない」(無)とかということを問題にしてはいけないというのが「空」ということになるわけです。そうやって、あっちに曲がって、こっちに曲がって考えてきたわけですが、最後には仏教が言っていることに帰着することになって、それこそお釈迦さまの掌で飛び回っていた孫悟空のようなことではないか、というようなことになってしまいました。そういうわけで、今のところ、この図を使って説明しています。

実は、日本の思想史を見ていくと、過去の日本の思想家も、「倫理」と「他者」のような領域を考えていたということが分かってきました。例えば、『愚管抄《ぐかんしょう》』という歴史書を書いた慈円《じえん》(一一五五〜一二二五)がそうです。親鸞の比叡山時代の師匠だと考えられますが、その慈円は『愚管抄』の中に、この世界を「顕」の世界、つまり顕れた世界であって、それに対して、それを背後から動かしているのは「冥《みょう》」、つまり隠れた見えない神仏の世界だと言っています。歴史は決して人間が勝手に作っていくものではない、そういう冥の世界が顕の世界に働きかけてくることの中で展開していくというのが、『愚管抄』の歴史観です。実は、顕と冥というのは、『愚管抄』だけではなく、中世には同じように、いろいろなところで使われています。『平家物語』の中にも出てきますし、その後の神道理論の中でも使われます。歴史の方で、「顕密体制論」という理論がありますが、言ってみれば、日本の中世は「顕冥体制」だと言ってもよいくらいです。先に言いました「倫理」の領域が「顕」に当たり、「他者」の領域が「冥」に当たることになります。

いささか話が広がってしまいますが、近世になると、そういう世界観の構造は、仏教よりもむしろ神道の方で展開されました。平田《ひらた》篤胤《あつたね》（一七七六〜一八四三）というのはとても面白い人で、初めて神道の死後の世界を真剣に考えた人です。非常にユニークで、「千の風になって」で、「お墓の中に私はいません」というのと逆に、お墓の中に、あるいはお墓の辺りに死んだ人がいるのだということを、最初にはっきり言ったのが平田篤胤です。そもそも昔から、亡くなった人の死体は非常に厄介でして、放っておくと腐ってしまいますし、大変なことになります。だから、ほとんど山に捨てるようなことをしていました。それがだんだんお墓を作ることが一般化して、人家の近くに作られるようになります。普通の人がお墓を作るのは近世になってからのことです。そうなると、死んだ人が以前ほどは怖くなくなります。もちろんまだ怖いのですが、それ以前に較べると、まあ、親しめるようになってくるわけです。その頃に、平田篤胤が新しい死者像を提唱することになります。それ以前だったら、お墓のところに亡くなった人の魂があるなどと考えることができず、もっと遠くへ行ってしまうはずなのです。それが、その頃になると、お墓の辺りに魂がいて、つまり、この世界にいて、生者と共存しているけれども見えないと考えられるようになります。平田などの神道の人は、冥という言葉よりも、「幽」、あるいは二字くっつけて「幽冥」という言い方をすることが多いようです。

話がさらにそれますが、柳田国男（一八七五～一九六二）が書いた『先祖の話』の中で、日本人の死生観というのは、昔から、死んだ人の魂は死んでも遠くに行かないで近くにいる、と言いますが、それはまったく違っていまして、そういうことをはっきり言い出した最初の人が平田篤胤なのです。だから、近世の後半です。平田篤胤は妻が亡くなって、それで初めて気がついたのが、自分からは見えないけれど、死んだ人はそばにいる、という世界観だったのです。そういう意味で、平田篤胤は死者と共存する世界の構造をすごく明確化した大事な人です。

四　近代の仏教と浄土教

もとに戻りますが、先に述べたように、仏教の仏はキリスト教の神と同一視できないというのが、私の基本的な考え方です。たしかに阿弥陀仏信仰のような場合だと、かなり絶対的なもの、無限大のものの方に近付いていきますが、でもキリスト教とは違います。これは、仏教を考えるうえで大事なことです。キリスト教的な構造の中に取り込まれる必要もないけれども、だからと言って別に、キリスト教に対して対抗意識を持つ必要もないし、おかしなナショナリズムのようなものに固まって、一神教はだめと言うのではなくて、それぞれ違う世界観に立っていることをきちんと認識することが必要だということです。

先ほど触れましたように、近代になって、仏教はどういう立場を取ってきたかというと、それをできるだけキリスト教に寄せて解釈しようとしてきました。実はその出発点を作ったのは本願寺派の島地黙雷《しまじもくらい》（一八三八〜一九一二）でした。もちろん彼一人だけとも言えないのですが、島地がもっとも先鋭的なリーダーとなって、その果たした役割は非常に大きいし、それだけに、今日から見た場合問題もあります。

島地がどういうことを言ったのかというと、その当時、明治初期には国家の宗教制度、宗教政策は右往左往していました。神道を国教化しようとしてうまくいかず、教部省を作って、その中に仏教も組み込んで、いわば神仏を合体させて国家の統制下に置こうとしました。その時に、島地黙雷がそれに反対して浄土真宗を率いて、教部省の所轄する大教院から抜けてしまいます。そのことによって、初めて信教の自由が確立したと言われています。それはそのとおりだと思いますし、その果たしたプラスの役割も大きかったと思いますが、しかしその時に、彼はかなり無理な宗教観を押しつけることになってしまいました。つまり、宗教というのは個人の内面の問題であり、それゆえに国家が関与できないということで、それを根拠に信教の自由を主張し、また、国家の政治的な問題と切り離された政教分離ということを主張したのです。

これはいちおうもっともな説のように見えますが、現実にはどうかというと、当時、あるいは今でも、仏教というのは、個人の内面の信仰だけではなく、制度的なものに乗っているのです。檀家制度があり、それに支えられた葬式仏教がある。そういうかたちで、実は日本人の大部分は、個人の信仰はあまり考えることなく、仏教の組織の中に組み込まれています。もちろん熱心な信者さんや門徒さんもおられますけれども、多くの日本人にとっては、仏教というのはそういう制度的なものであって、いわば、生まれた時から仏教という制度の中にいるわけです。宗教を心の内面の問題に限定する島地の宗教観は、その部分を切り捨てることになります。近代の仏教はこの制度に乗って、葬式仏教によって経済的な基盤を得ています。だから、言ってみれば、宗教は個人信仰だという主張は、下半身を切り捨てて、頭だけ残すようなことになってしまいます。それを建前としてやっていくから、現実とは大きく食い違って、矛盾が出てきてしまうのです。

さらに大きい問題があります。仏教は個人の信仰だということになると、もう一方で、それでは神道はどうなるのか、ということが問題になります。その時に島地は、神道は宗教として見れば、多神教であって、非常にレベルの低いものだと言うのです。島地はまさしくキリスト教をモデルに考えていましたから、一神教は高級なレベルの宗教であり、それに較べて多神教というのは低いレベルの宗教になります。ですから、神道は原始的で低いレベルのものに過ぎないというわけです。しかし、それならば神道は否定されるかというと、神道は宗教ではなくて、国家の根本をなす天皇家の祖先を祀ることであり、それゆえ、これは宗教ではなく、政治の領域に属するものだと言います。こうして、いわゆる神道非宗教論というものの基が、島地によって主張されることになります。それが後に、国家によって利用されて国家神道ができたと、考えることができます。

そういうわけで、当たり前のように、仏教は個人の信仰だと考えてしまっているけれども、実はそうではありません。違う面をいろいろ持っています。やはりそこをもう一度見直すことが大事ではないかということです。そう考えていくと、なぜ今日まで檀家制度が維持されてきたかということにも、理由があることが分かってきます。近代になって、明治の政府が採用した社会体制は、いわゆる家父長的な制度です。これは、要するに天皇を頂点としたピラミッド型の構造の中で、家の中では家父長がトップに立ちます。家父長というのは代々長男が家督を相続するわけです。家父長は強大な権限と財産を受け継ぐのですが、権利と同時に、家を守るという義務もあります。それを倫理道徳として説いたのが教育勅語であり、法的に明確にしたのが明治民法です。天皇中心を明確にした明治憲法、皇室の男系男子の継承を決めた皇室典範、それに教育勅語と旧民法をあわせて、近代日本国家の四本柱ということができます。

従来しばしば家父長制は封建的なもので、江戸時代から続いてきた前近代的な遺産だと考えられてきましたが、それは間違いです。確かに武士の世界では家の継承は重要な問題で、儒教に基づく家父長制が根本にありました。上級の豪農や商家でもそれに倣うところがありました。けれども、一般の庶民ではそれほど家の継承の意識は浸透していませんでした。そもそも庶民には姓がありませんから、家という観念を持ちようがありません。家父長制が一般の民衆にまで浸透するのは、明治になってからです。家父長制を支える儒教的な観念が本当に広まるのは、近世ではなくて、近代になってからのことです。

ところで、その家父長制度を裏から支えたのが何かと言うと、実は法律には何も書いていないのですが、それこそが仏教だったのではないか、というのが私の仮説です。家父長制で家を継承するシンボルが何かというと祖先祭祀です。祖先を祀るそのやり方は仏教式でやるわけです。お寺にお墓があり、仏壇の中に位牌を祀ります。先祖の位牌は何よりも大事なものであって、財産はそれに付いてくるわけです。財産を相続するにはまずそうやって、祖先の位牌を継承し、祖先のお墓を継承することができなければなりません。それが家を継承するということです。その根幹を仏教が押さえているわけです。浄土真宗には少ないようですが、よく見かける「〇〇家之墓」という家墓はその象徴で、ほとんどが近代になってから作られたものです。

そういうわけで、戦前の葬式仏教、それから檀家制度というのは、近代の明治の政府の作った社会体制を、制度上の表面には何も書かれていないにも関わらず、実はその根底において支えていたと考えられます。そして、それが戦後になってもかなり長いこと続いてきたと思われます。戦後になって、もちろん制度的には変わり、均分相続となって、家督などというものはなくなりましたが、人間の意識はそれほどすぐに変わりません。私が若い頃でも、結婚式は○○家と××家の結婚式で、個人同士とは考えられていませんでしたし、葬式も△△家の葬式でした。

その後、だんだん家族制度が崩壊して、核家族が中心に変わっていく中で、古い家の意識が崩壊していきます。そして、それが今頃になって檀家制度の崩壊につながっていると考えられます。したがって、檀家制度の崩壊というのは、何か突然の現象ではなくて、かなり大きいスパンを持った必然的な現象だと、私は考えています。

ところで、先ほど申しましたように、このような葬式仏教が実際の近代社会の中で果たした役割は、表面の言説からは消されて、ほとんど議論されませんでした。それどころか、葬式仏教は、密教と同様、前近代からの遺物と見られ、近代の仏教のあり方にふさわしくないと、非難の対象にさえなりました。こうして、言説上の仏教と、実際の社会で機能している仏教とが完全に分離してしまいます。そして、言説上の仏教は、いかにも近代的で、世界にも通用するような装いを纏うことになります。そこに、近代の仏教学の輝かしい成果があり、禅や念仏の理想化された宗教世界が開かれることになりました。

しかし、近代が行き詰まった今日、このようなこれまでの仏教のあり方もまた反省されなければなりません。一方で、これまで裏の世界に追いやられてきた葬式仏教や檀家制度を表に引き出して検討し直すとともに、他方で、表面的に近代的な解釈を施されてきた仏教の言説をもう一度問い直すことが必要になります。

禅と念仏と言いましたが、その中でも親鸞は、近代の日本でもっとも親しまれ、もっとも近代にふさわしいかたちで解釈されてきました。親鸞は、いわば近代日本の優等生ともいうべき仏教者に仕立て上げられました。もちろん、その中には継承していくべきところも多くありますが、しかし、それをそのまま無批判に引きずっていくことはできません。もう一度、原典に戻りながら、親鸞の理解を根本から見直していかなければなりません。

例えば、はたして親鸞は、「人のためにボランティアをすることは、自力だからしてはいけない」といったことを言っているのでしょうか。自分で求め、努力することなしに、他力がはたらくということがあるのでしょうか。そうした問題を、もう一度しっかり考え直していかなければなりません。そういう視点から、浄土教を考え直し、親鸞を読み直さなければいけないのではないかと思います。そのような問題にただちに答が出せるわけではありませんが、少なくともそのような問題意識を持ちながら、浄土教を考えていきたいと思います。

第二章　念仏の源流

一　他者・死者の問題

本章のタイトルは「念仏の源流」ということですが、私はインドの仏教が専門ではありませんので、実証的な学問というかたちでのお話としては必ずしも適当ではないかと存じます。ただそれを少し思想的にと言いますか、実証的・歴史的な事実がどうあったかということよりも、それを私たちがどう受け止めたらいいのかと、そういう観点を中心にお話をいたしまして、日本にまでつながる問題として考えていきたいと思います。

実は、少し前から自分勝手なことを考えるようになっていまして、あまり賛同してもらえる方もいませんが、私なりに仏教、あるいは宗教というものをどう考えたらいいのか、その構造を捉えたいと思っております。それは、『仏教vs.倫理』（筑摩書房、二〇〇六。『反・仏教学』として文庫化）、『他者／死者／私』（岩波書店、二〇〇七）、『哲学の現場』（トランスビュー、二〇一二）など、この数年間に出してきた本の中に少しずつ書いて、発展させてきました。それを図式化する試みをできないだろうかと思いまして、これも最近の本には挿入するようにしています。その図を使って前章でもいささかお話してみました。多少重複にはなりますが、二一頁の第3図をもう少し詳しくご説明したいと思います。

この中で、左側の楕円形は「倫理」と書いてありますが、人と人とがつながっていることを意味しています。これは私たちが日常、人間同士が接している、あるいは社会生活をしている、そういう領域です。狭いところでは、個人的な生活の場で相互に接していろいろ話をする場合もありますし、こういうところで皆さんとお話をすることもあります。もっと広く言えば、それこそ国の政治とか、あるいは国際関係とか、そういうものもすべて含んでいて、いろいろな次元があり、本当はこういうふうに単純に一つの楕円になるわけではなくて、もっと重層的に重なっています。

ただ、そういう領域というのは、基本的に言えば、今お話をしているように、言葉で話をすると皆さんはそれが分かるというかたちでコミュニケーションが成り立ちます。分かり方にもいろいろありますが、いちおうお互いに言葉が通じるということで、それぞれ納得して対応します。また、そういう場というのは、それぞれの社会のルールというものがありますから、そのルールに則って我々は生活をしているわけです。小さいところは家族関係もありますし、あるいは学校であれば先生と生徒の関係もありますし、会社であれば上司と部下とか、あるいは国家であればそういう政治の制度もあるという具合に、それぞれの社会の仕組みがあって、その仕組みをお互いに了解して、その了解のうえで動いている、そういう世界です。

そういうわけで、ここは合理的に話が通じる世界で、したがって「倫理」と書きましたが、倫理というだけではなく、今言いましたように法律も関わりますし、さらには自然科学なども、この領域の問題であると私は考えています。自然科学と言うと、それによって、宇宙の仕組み、つまり全世界のことが分かってしまうと考えられがちですが、実は自然科学だって、お互い同士が通じ合う言葉がなければ成り立たないものです。例えば、何かを数式であらわすとして、この数式をお互いに理解できないとそれは成り立ちません。数式というのは、人間が考えた言葉の一種ですから、したがって、やはり言葉を介した人間の営みです。

我々の世界は、科学ですべてが分かるかのように思われがちです。ともすればこの楕円の世界がすべてであるかのように思いがちで、そうすると図3よりも図2の図式になってしまうのですが、実はよく考えてみると、その世界はごく限られているのです。

例えば、私がこうやってここでお話をしていて、皆さんお互い同士が分かり合っているつもりです。しかし、よく考えてみれば、私は前にいらっしゃる皆さんの一人ひとりがどういった方であるか全然知りませんし、皆さんも私の履歴とか見て、ああこういう人なのだという肩書きは分かるかもしれませんが、私がどういう生活をして、どのようなことを考えているか、それはやはり分からないわけですね。不思議なことです。お互い分からない同士がそうやって会話を交わし、そして、いわば分からないのに分かり合って、私たちの日常は成り立っているわけなのです。

そういう分からないのは、これはもう考えても仕方がない、無意味で我々の生活とは関係ないのだと言ってしまえばそれまでなのですが、しかし、本当は分からない領域こそ非常に大きいのです。分からない領域というのが、私たちの毎日を支えているのではないかということが、私が仏教の研究をしてきて、あるいはここ数年、哲学のことなどを考えるようになって、強く感じるところです。どうも今までの哲学は、この問題を無視してきているのではないか、そこをどういうふうに明らかにしていくことができるのか、ということを最近考えています。

それが、楕円の外に広がった部分で、上に「他者」と書いてあります。他者というのは、まさに分からない、了解できない、そういう部分です。お互い同士が分かっているつもりなのに、本当は分からないのです。「生きている他者」と書きましたが、お互いに生きている人同士で会話も交わすし、分かり合っているつもりなのだけれども、その分かり合っている部分というのは、いわば表面に過ぎなくて、その裏はお互い同士分かりません。もっと言ってしまえば、自分でも自分が分かっているつもりなのに、本当は自分だってどこまで自分のことが分かっているのか分からないのです。

そういう領域をどう捉えたらいいのかということを考えていくと、そのときに私が手がかりとしたのは、死者の問題でした。亡くなった人というのは、もう過去の存在で、私たちの世界を離れてしまっています。例えば皆さんは、信仰をお持ちで、亡くなった人はお浄土にいるとか、そういう認識をお持ちかもしれません。しかし、普通、多くの日本の人たちにとっては、いったい死んでしまったらどうなるのだろうかというのは、通常それほど分かっていないのです。

科学的な考え方、合理的な考え方から言ってしまえば、そうしたことは議論の対象にはなりません。ですから、近代の哲学では、多く死の問題は、彼方に押しやられてきました。死の問題というのは、哲学的に考えた場合に、非常に矛盾しています。なぜならば、自分の死は生きている限り体験できないからです。それを体験したときには、もうこうやって普通の我々人間同士の場で、その体験を語ることはできない状態になってしまっています。したがって、死というのは、常に体験できないこととしてしか語れないものです。それだったら、哲学的な問題としてはおかしいわけです。

しかし、そのときに死ではなくて、亡くなった人、つまり死者とどう関わるかと、そういうふうに問題をずらしてみたら、それは我々が日常に経験していることではないでしょうか。私たちは亡くなった人を、死んでしまったから、もうその人は過去の存在で無になってしまったとか、あるいはもうお浄土へ往ってしまったのだから関係ないとは誰も思いません。むしろ、亡くなってしまったことによって、逆にその人の存在が、私の中で重くのしかかってきます。

そういうことは、誰でも経験していることだと思うのです。そういう誰でも経験していることから出発すべきではないのか。そのことが私の最近の一つのテーマになっていて、そこで死者ということを手がかりにして考えたらどうなのだろうかと思うようになっています。

死者というのは、いわば他者の典型と言いますか、そうやって私たちに大きくのしかかってくるにも関わらず、了解不可能な存在です。例えば、そういう死者に向かって語りかけることはできても、普通の日常の言葉で死者と議論を交わすことはできません。ですから、死者との関係は、通常の人と人との関係とは違うかたちになっているのです。関わりを持たなくてはならないにも関わらず、通常のコミュニケーションが不可能という点で、死者は他者の典型ではないだろうかと思います。

そうすると、実は死者だけではなくて、いろいろなかたちの他者のあり方があることに気づきます。先ほど言いましたように、お互いに生きて顔を合わせている人同士も、了解不可能なところを大きく持っていながら交流しているわけです。そうなってくると、例えば、ペットのような動物の存在、あるいは、もっといろいろな自然的な存在もそうですし、また逆の側を言いますと、存在するのか存在しないのか分からないようなもの、例えば、物語の主人公みたいなものから大きい影響を受けるということもあるわけです。

私の世代は、若い頃は、『巨人の星』とか『あしたのジョー』とかを読んで、すごく感激して勇気づけられたものです。そのように、本当は存在しないはずのものに、大きく力づけられることもあります。私はほとんどやりませんが、例えばテレビゲームとかパソコンのゲームみたいなものにのめり込んだときに、それはバーチャルで、全然現実と違う嘘の世界だと言ってしまえばそれまでなのですが、でもそういう世界や、そういうものにのめり込んだときに受ける衝撃というものは当然あるわけです。そんなものは虚構であって偽物だと言うことでは済まないのではないかと思います。虚構のものなどもすべて含めて、いわば我々の了解可能な倫理の領域を超えた世界というものを考えるべきではないかと思っております。

なぜこういう話から始めたのかと言いますと、実は仏という存在も、そういう他者として考えるべきではあるまいかと思うのです。つまり、仏に向かうと言うとき、お互い同士がこうやって顔を見て話している、まさに了解可能な人間関係とは違うかたちでの関係を持つわけです。だとしたら、やはり仏というのも、他者として考えなければならないだろうと思います。その点で、仏は死者と近似しています。死者が仏として捉えられる日本の民俗宗教は、その点で重要な示唆を与えてくれます。

この他者の領域を、逆の側から見たときにどうなるかと言うと、世界すべてを含んでいることになります。その中に、自分も死者も神仏もすべて含み込まれます。自分とはまったく異質の存在を、逆に、今度はそれを全部同質化してみると言いますか、いわば一味平等と言いますか、そういう方向で見ることが可能になります。しかも、すべては関係の中にあって、実体性を持ちません。仏教的な言い方をすれば、「空」ということができるのではないかと思います。ユダヤ系の神が、絶対的に同質化されない他者であるのと異なっています。このように、空という見方と、他者という見方とは、同じ領域のことでありながら、言ってみれば正反対の、逆方向のベクトルで見たものと考えることができます。

これがこれからお話をしていく一つの軸になるのですが、大乗仏教というのは、このように、まったく逆方向の二つのベクトルを持っています。いわば異質化、異化していく方向としての他者の問題と、もう一方は、それを同質化、同化してすべて平等だという「空」の思想です。この二つの方向は、あえて言えば、正反対で矛盾しているとも考えられます。しかし、その矛盾した両方向が、いわば共存と言いますか、重なり合って、矛盾しつつ、しかも緊張関係を保っている、それが大乗仏教のダイナミズムを生んでいるのです。そのことを表現したのが、あえて言えばマンダラというものではないかと思います。

この図は未完成ですし、あくまで便宜的なものですので、十分に表現できないことも多くあります。他者の領域に関して言えば、そこに入れた「生きている他者」「死者」「神仏」というのは、簡単に一纏めにできないところがあります。他者の領域に立ち入ったとき、そこにこのような三層を考えるほうがよいかとも思っています。すなわち、もっとも私たちの身近の他者は「生きている他者」であり、その奥に「死者」がいて、さらにその奥に「神仏」を考えることができるのではないかと思います。

そうした他者的な領域を極限まで追いつめていくと、どこまでいっても、ある意味では限りがないことになりますから、その極限は、いわば「無」としか言いようがなくなります。あえて言えば、ユダヤ系の一神教の神というのは、そうやって極限の極限、つまりもう本当は考えられない領域、そこまで追い詰めたところではじめて考えられるのではないかと、私は今思っています。

重要なことは、仏教でいう仏と、それから一神教的な神というのが、しばしば同レベルで比較されるのはおかしく、それは領域が異なるのではないか、ということです。それと同時に、近年ときどき聞きますが、一神教は非寛容で戦争のもとであり、多神教こそ平和のもとであるというような、イデオロギー的な言説が世の中で大きい声で言われたりすることがあります。これは非常におかしい、危険なことです。それは全然レベルが違う問題なのです。つまり、ユダヤ系の神というのは、本当にそれが徹底して突き詰められたときの極限であって、いわば他者のさらに極限までいきますので、もうまったく同化しようがないようなレベルのものになります。したがって、私は一神教と多神教というのは、あえて言えばまったく矛盾しないと言いますか、むしろ全然レベルの違うところで言っているのであって、それを対比するというのは、おかしなことだと思っています。

このことが、仏というものを考える場合も、非常に重要なことになります。仏というのは、決して一神教的な神とは同じにはなりません。仏は、そもそも人間が悟りを開いてなったわけですから、そういう意味で言えば、一面では人間と同質的なものを持っていて、同化していくことができるわけです。いわば同質的な方向を持ちながら、しかも異質であるというような、そういう両面を持っているものとして考えなくてはならないのではないかと思います。

以上が私の基本的な考え方で、この図式は、抽象的なレベルで考えたというよりも、現実的な問題から出発して私なりに考えついたことですが、同時に、ある意味では、私が大乗仏教の成立の問題などを考えながら、その中から生まれてきた図式でもあります。

これから具体的に浄土教の場合を考えていきますが、実は浄土教というのは、もともとそういう他者としての仏が正面から出てきています。それが後になると、もう一つ、それとある意味では矛盾し、対立するような空の原理と出合って、そして、その緊張の中で次の発展を遂げていくという、そういう展開を見ることができるのではないでしょうか。そのことが、今日お話をするいちばん基本的な考え方です。

二　大乗仏教と他者の原理

そういうわけで、もとに戻りまして、仏教史の最初の方から少し考えていきたいと思います。もともと原始仏教、あるいは初期仏教というのは、ブッダ、すなわちお釈迦さまが悟りを開いて、それで教えを説いた、そのもとの教えが伝えられたものと言われますが、実はその原始仏教の教えの基本には、他者という原理が入っていないのではないかというのが、私の大きな仮説です。

例えば、四諦、八正道という原則があります。それに従って修行をすれば悟りが開けるわけです。これはあくまで自分で修行をして自分で悟ることです。つまり言ってみれば、自分の中で完結しているわけです。だから、そこには他の人とあえて関係を持つ必要がまったくありません。他者と関わる必要がないからです。

そう考えますと、原始仏教というのは、もともと他者的な原理というものを含みません。それにも関わらず、実は原始仏教以来、別のかたちと言いますか、そういう根本の原理に入らないかたちで、他者が大きな問題になっているのです。

それはどういうところにあらわれるかと言いますと、一つ有名な話があります。ブッダが悟りを開いたときに、ブッダは、これほど難しい悟りは一般の人に説いても分からないだろう、自分はすばらしい悟りの境地に達したから、自分でこの境地を味わって、そしてそのまま涅槃に入ってしまおうと、そう考えたと言われています。つまり、仏の悟りの中には、それを他者に説かなければならないという必然性はどこにもありません。そのまま自分だけで完結して、亡くなってしまってもかまわないわけです。

ところがそのときに、梵天勧請と言われますが、梵天、すなわちブラフマーの神が現われて、ブッダに、これほどすばらしい悟りをぜひ人々に説いてくださいとお願いすると、いや、そういうことは無理だとブッダは答えます。それを三回お願いして、そしてとうとう最後に、それならば教えを説こうということで、そこで初めてブッダは人々に教えを説く決意をします。

これは、どういうことなのかと言うと、ブッダの悟りそのものには、他者に説かなければならないという必然性はまったくないのです。つまり、他者と関わらなければならないという必然性が全然ないにも関わらず、その梵天の願いを受けて、ブッダは教えを説くことを決心します。つまり、そうやって教えを説いて人々を救おうとする、その決心は、まったく悟りの原理の中にない、別のところから出てきているということになります。

これは非常に不思議なことです。まったく説かなくてもいいのに説いたのですから。そして、教えを説いたために、その後教団ができ、そこにいろいろな面倒が生ずることになりました。勝手なことをする比丘が現われて、それを防ぐために戒律を制定したり、極端には、その中から提婆達多《だいばだった》のような反逆者も現れました。他者に説かなければ一人静かに悟りを味わっていられたのに、他者と関わりを持ったことで、ブッダにはいろいろな悩みも出て、苦労を負うことになりました。それをあえて承知で人々に説いたのであり、それを慈悲と呼べば、ブッダはそうやって慈悲によって教えを説いたということです。それはまったく悟りの原理の中にない、根拠のないことをしたということです。

そういうわけで、原始仏教の原理そのものの中には、結局慈悲のような他者との関わりということは入ってきませんでした。ところがやがて、仏教が発展していく中で、それが変わっていきます。いわゆる菩薩という考え方が発展してきますが、この菩薩という考え方の中には否応なく、他者との関わりが根本の原理として入ってきます。

菩薩の修行のいちばん中心が六波羅蜜と言われますが、六波羅蜜の第一はいわゆる布施波羅蜜《ふせはらみつ》です。これは他者のために徹底して自分の身を捨ててすべてを与えるということで、『ジャータカ』のなかにもいろいろと話があります。そうやって、「自利利他」といわれる中の利他の方面が強調され、「他」ということが否応なく原理として入ってくることになります。これは仏教のいわば大転換と言ってもいいのではないかと、私は思っています。

一言申しておきますと、原始仏教や、あるいはそこから発展した後の上座部の仏教では、他者の原理が入らないから、倫理的ではないかと言うと、決してそうではありません。例えば、初期仏教でもっとも中心となる実践である八正道は、自分の生活を正すということです。もちろんそれは非常に難しいことですが、基本的に言えば、自分の生活を正すことですから、それは他の人とは関わらなくてもよいことになります。他者というのは、予測不能であり、了解不能な部分というのを常に持っていますから、他者とは関わらないで、自分を正していけばよいわけです。したがってそこでは、むしろ倫理的な原則というものを立てて、それを貫きやすいのです。原始仏教以来の共同体であるサンガは、理念上はこのように他者を頼らない、自律した個の集まりとして成り立ちます。

ところが、おかしなことに、他者が原理として入ってくる大乗仏教の方が倫理を破壊してしまっています。予測不能な他者が出てきたときには、そこで何を要求されるか分かりません。あるいは、どんな問題が起こるか分かりません。それこそ、相手がとんでもない態度を取って背くことがあるかもしれないし、「おまえの命を寄こせ」と言って迫ることがあるかもしれません。ですから、六波羅蜜の布施波羅蜜では、自分の命を捨てたりしなくてはならないような理不尽な場合も想定されているわけです。そうなると、ちゃんとしたルールに則った倫理というものは成り立たなくなってきます。倫理の破壊が起こってしまうのです。それでも、あえて予測不能な他者と関わろうとする、それが菩薩のあり方ではあるまいかと、私は考えます。

このような菩薩のあり方は非常に困難を伴いますから、これは普通の人では無理であり、ブッダの前世としてしかありえませんでした。ところがこのような他者性を含んだ原理が、そういう特別なブッダという存在だけではなくて、一般の誰にも通用する問題として提示されたのが、大乗仏教ではなかったかと、私は考えます。

ですから、大乗仏教というのは、最初から他者というものがその中へ組み込まれて、その他者というのは、まさに予測不能であり、いったい何をするかまったく分からないものとして存在します。そういう他者をあえて根本の原理に据えたとき、それではいったい我々はどう考え、どのような方向に向かったらいいのかということが問題になります。それが大乗仏教の出発点となります。大乗仏教の起源についてはいろいろ考えられていて、単純ではありませんが、思想的に見れば、他者の問題がその中の一つ、それも大きなポイントではなかったかと考えています。

そういう中で、一方では他者と徹底的に関わり、救済していこう、自分に背いた人でも救わなければならないという問題も出てきます。逆の方面では、いったい自分は本当に救われるのかという、他者による救済という問題が非常に大きくなってきます。そういう問題が、まさに浄土教などを生んでいくことになります。

それと同時に、もう一つ非常に大きな問題は、大乗仏教が発生してきた時期というのは、まさにブッダが亡くなって数百年経った頃です。そのときに、非常に大きな問題となったのは、ブッダが亡くなってしまった後で、いったいブッダのはたらきはどうなるのだろうか、ということでした。死者としてのブッダという問題です。

ブッダが亡くなることを涅槃に入ると言いますが、これに対しては今日でもいろいろと解釈があるように、どういうふうに考えたらいいのか非常に難しいところがあります。亡くなってしまうことが悟りの完成で、それによってブッダは完全に輪廻を脱したと言います。しかし、そうしてブッダが亡くなったということは、無に帰してしまうのか、何のはたらきもなくなってしまうのか、それとも亡くなっても何かはたらきというものはあるのか、こうしたことが大きな難問になるのです。それに対して、初期の仏教では、はっきりとした答を出していません。「無記」と言って、回答不能の問題の一つに挙げられているのです。

ブッダが亡くなってから、ブッダ崇拝が盛んになってきまして、そこでブッダの遺骨を祀るストゥーパ（仏塔）が造られていきます。そういう中で、死んでしまったブッダをそれほど崇拝して、いったい何の役に立つのかという問題が、否応なく出てきます。

まさに先ほど言いましたように、死者との関わりということが、大きな問題として出てくるのです。それに対して何らかの答えを出さなければならないという、それも大乗仏教の大きな課題になってくるのです。ですから、まさに先に述べたような他者の問題、それと同時に、ある意味では他者の問題の一部ですが、その最大の問題とも言える死者の問題が、実は初めから大乗仏教の中に埋め込まれていた、あるいは、いちばん大きな問題として提示されていたのではないかと考えられます。

浄土教において、極楽浄土は死後の世界として想定されます。時間的に言えば死後の世界、それから空間的に言えば西方のはるか離れた世界だと考えられます。これは、一種の神話的な表現だと言われまして、近代的な解釈では非常にばかばかしい、ありえないことだと言われ、仏教の迷信性や前近代性の典型のように批判されました。しかし実は、それは深い意味を持っているのではないでしょうか。つまり、まさに空間的にこの世界から絶対的に断絶していて、また時間的にも死を通して現世と断絶したとき、自らが死者となることによって初めて到達できるという、そういう死の断絶性を媒介としている世界です。そのような時間的、空間的に断絶した領域と、実は私たちは密接に関係しているという不思議、その矛盾した不思議が浄土教として表現されているのではないかと思います。

このように考えると、大乗仏教の問題は、最初から、自己と断絶を持つ異質のもの、すなわち他者とどう関わればよいのかという、そういう非常に大きい問題を提起していたのではないでしょうか。それはまさに、先ほど述べたように、同一化の方向に向かう空の問題とは正反対になります。空とはまさに、そういうものも含めた全体を、すべてを一味化すると言いますか、一つとしていき、そして全体を平等のものとして見ていくことです。他者をもすべてを含めた全体として空であると捉えていくのです。したがって、他者としての仏との関わりということは、その空とは正反対の方向を向いて出発しているのではないかと考えられます。

三　他者の呼びかけと応答——念仏の原点

空と浄土教の出発がまったく違うということは、かつて龍谷大学の先生をしておられ、お亡くなりになりました静谷正雄先生の『初期大乗仏教の成立過程』（百華苑、一九七四）という本に出ています。もうかなり古い本で、最近、あまりこの先生の研究を使う方が少ないのですが、私は先駆的な優れた研究だと思っています。

静谷先生がおっしゃるのは、いわゆる初期大乗仏教と言われるものができる前に、まだ大乗仏教という自覚を持たない、しかし後から見ればすでに大乗仏教と言えるような、そういう仏教があったのだということです。それを「原始大乗仏教」という言い方をされていますが、その典型として、この浄土経典などの阿弥陀仏信仰のことを大きく取り上げておられます。

私は、その考え方は基本的に正しいと思っております。と言いますのは、現在の『無量寿経』は、ご承知のように願文が四十八からなっていますが、それより古い形態というのがありまして、これは漢訳でしか伝えられていません。『大阿弥陀経』と言われるものと、それから『平等《びょうどう》覚経《かくきょう》』と言われるものとがありまして、どちらも非常に古い訳ですが、その二つは、願の数が二十四しかありません。したがって、阿弥陀仏信仰の古い形態を伝えていると考えられます。その中には、後の大乗仏教の原理とされる空という考え方がまったく出てこないのです。現在の『無量寿経』の中には、空の要素が入ってきているのですが。

この『大阿弥陀経』は非常におもしろく、しかも重要な経典です。丘山新先生や辛嶋静志先生などが研究を進めておられますが、若い頃、これらの先生方とご一緒に勉強したこともあり、ずっと関心を持ち続けております。

『大阿弥陀経』は願の数も少ないし、その中にはいろいろな初期的な要素が入っています。例えば、今日の『無量寿経』では、阿弥陀仏というのは極楽浄土の主であり、仏としてずっと永続するように書かれていますが、初期の『大阿弥陀経』ですと、その阿弥陀仏も亡くなってしまうと言います。阿弥陀仏もやがては涅槃に入って、活動を止めてしまいます。そうすると、その後に観音菩薩が仏となってその役目を引き継ぎ、さらに観音菩薩も亡くなると、勢至菩薩が仏となって後を受け継ぐというふうに、阿弥陀仏の寿命にも限りがあると書かれているのです。まさに死の問題というのが、初期大乗のブッダ観の問題としても非常に大きな問題であったということが示されています。それだけでなく、後の『無量寿経』になりますと、外から取り込んだ要素を含んで発展してしまったために、見えなくなってしまった問題がいろいろとありますが、それが古形を残した『大阿弥陀経』ですと、はっきりと分かります。

本章のテーマは、そういう浄土教一般というより、その中での念仏という問題ですが、その問題を考えるうえでも、非常に大きなヒントになる要素が、ここに入っています。念仏というのは、基本的に言えば、まさに他者である仏と私自身とがどう関わるかという、その関わりの問題なのです。

『大阿弥陀経』では、そのことがどのようにあらわされているかと言いますと、『大阿弥陀経』の第四願を見てみましょう。書き下しのかたちにして読ませていただきます。

使《も》し某《それがし》仏と作《な》らんとき、我が名字をして皆な八方・上下・無央数《むおうしゅ》の仏国に聞かしめん。皆な諸仏をして各の比丘僧大衆において、我が功徳、国土の善を説かしめん。諸天・人民・蜎《けん》飛《ぴ》・蠕動《ねんどう》の類、我が名字を聞き、慈心、歓喜踊躍せざるものなからん。皆な我が国に来生せしめん。この願を得れば乃ち仏とならん。この願を得ざれば、終に仏とならじ。

これが『大阿弥陀経』の第四願です。これを見ますと、あれっと思いますが、有名な『無量寿経』の第十八願と似ています。似ているけれども、ちょっと違うということにお気づきいただけると思います。第十八願は、ご存知のように、「設《も》し我れ仏を得んに、十方衆生、至心に信楽《しんぎょう》し、我が国に生ぜんと欲して、乃至十念せん。若し生れずんば、正覚を取らじ。唯し五逆と正法を誹謗するとを除く」というものです。

ここで、第十八願の方は、「至心信楽して、わが国に生ぜんと欲して、乃至十念せん」というように、十念の解釈にはいろいろありますが、ともかくその念仏と言われる行為は、衆生の側からの行為になります。これについては、もちろん親鸞の解釈とかいろいろ問題はありますが、ともかく基本的にはそういうかたちになっているのです。

ところが『大阿弥陀経』で見ますと、その名を称えるのではなくて、その名前を聞くのです。自分の名前をあらゆる国に聞かせよう、そして、その名前を聞いて歓喜踊躍したら往生させようと言っています。これは後の『無量寿経』で言いますと、むしろ第十七願に近い内容がそこに入っています。いわゆる聞名、つまり名前を聞くということが、非常に重要な意味を持っていたことが分かります。そうやって念仏を称える以前に、その名前を聞くことによって往生できるというのです。

実は私も長いこと、何でそうなるのだろうかと不思議に思っていました。もう少し、この聞名という問題について、歴史的にきちんと解明しないといけないと思っていますが、まだその辺りが不十分なままで、申し訳ありません。

しかし考えてみますと、やはり聞くということは、非常に重要な意味を持つのではないでしょうか。つまり、まず呼びかける声がある、つまり、私たちは呼びかけられている存在だということです。これは、私たちが求めて何か聞こうとして聞く、そういう普通のことではなくて、聞こうとしなくてもまさに聞こえてくるものだ、ということです。

聞くというのは、感覚的に必ずしも耳で聞くとは限りません。声なき声と言ってもいいかもしれません。そのような声が呼びかけてくる、その呼びかけに我々は動かされずにはいられない、そういう呼びかけというものがあるのではないでしょうか。その声を発するのは誰かというと、それは、まさに他者です。他者からの呼びかけ、他者の声です。

それはもちろん仏の声であるかもしれませんが、これをもう少し一般的なところで言えば、他者から呼びかけられる声というのは、我々もいろいろと経験することがあると思います。それは、必ずしも耳に聞こえる声とは限りません。しかし、何か動かされざるをえなくなるような声というものを、我々は聞くことがあります。例えば、死者の呼びかけを聞くこともあります。それは合理的な「倫理」の世界では説明できないことです。

あえて言えば、こういう声というのは、必ずしも倫理的、道徳的にプラスになるような声とは限りません。例えば、統合失調症などの方の場合、実際そういう声がはっきりとした言葉として聞こえるということがあります。これは私自身体験したわけではありませんが、研究者の方からよく伺うことです。あるいはまた、新宗教などを開く方は、神の声を直接聞くという体験があります。そういうときの声は何なのでしょうか、どこからかくる声なのでしょうか。

いま挙げた例では、通常の感覚的な音声としての言葉ではないまでも、言葉として分節されて受け取られた声ですが、しかし言葉にならない声と言いますか、音声としても発せられず、言葉としてもはっきりとした意味を表現しているわけではないけれども、それでも我々がそれによって否応なく動かされるような、何かそういう、まさに不思議の声というものがあるのではないかと思います。それこそ、仏と私たちをつなぐ絆になる、まさに念仏の原点であるということを、『大阿弥陀経』の第四願は言っているのではないかと思います。

もちろん、歴史的に見れば、念仏の原点として初期仏教の中にも「六随念」とかいろいろありますし、歴史的にたどればそれが正しいのでしょうが、むしろ思想的に考えたときには、この『大阿弥陀経』の聞名というのは、非常に重要な意味を持ってくるのではないかと考えています。私は『大阿弥陀経』の願の中でも、この第四願はもっとも古く成立した、いわば『大阿弥陀経』そのものの原点的なものではないかと考えていますが、これに対しては、必ずしも成立的に古いとは言えないという説もありますので、その点は今後の検討に委ねます。

四　他者と空——念仏の展開

先ほど、空の原理と他者の原理というのは対立するのではないかと言いましたが、実はその対立する原理をあえて結び付けようとしていくところに、次の一つの大きな展開があるのではないかと思います。空の原理は、ご承知のように般若経典によって説かれたものです。般若経典というのは、一つの経典ではなく、「般若波羅蜜」、すなわち智慧の究極を説いた一群の経典を指します。いちばん短いのが『般若心経』です。それらの一群の経典をすべて集大成したのが、玄奘（六〇〇／六〇二～六六四）の訳した『大般若経』です。

このように、般若経典は膨大なもので、大乗仏教の中核を作っていきます。その般若と呼ばれる大乗の智慧によって体得されるのが、空という原理です。それが、ナーガールジュナ（竜樹、一五〇〜二五〇頃）によって理論化され、大乗仏教の根本哲学となります。そうなると、他者の原理に立つ『大阿弥陀経』のような浄土の考え方は、それとうまく合致しなくなります。そこで、空の原理を取り入れることが必要になります。他方、空の思想の方からすると、それだけでは抽象的になってしまい、具体的な他者との出会いが導入されることが必要とされます。そこに、両者を結び付ける新しい方向が求められます。

これは、般舟三昧《はんじゅざんまい》というかたちで展開されていきます。般舟三昧は梵語の音写に基づくもので、意味を取って現在仏悉前立三昧と訳されます。文字通り、現在他方世界にいるあらゆる仏が目の前に現われるという三昧です。これについては、『般舟三昧経』という経典に説かれていますが、この経典には、七日間、不眠不休で阿弥陀仏を念じ続けるとき、三昧の中で阿弥陀仏が我々の前に立ち現れ、そして阿弥陀仏だけでなく、一切の諸仏がそれに伴って我々の前に立ち現れるという、そういう三昧を説いています。

その根拠として、仏も我も実は空である、空であるからこそ、仏は我々のこの目の前に現れることができるのだと説いています。なぜならば、もし仏も我も実体を持って独立的に存在しているのならば、はるか彼方にいる仏が私の目の前に現われることは不可能です。それが可能となるのは、仏も我も実体的に存在するのではないからで、そこに時空を超えて一体化することができるというのです。この経典には、次のような有名な一節があります。

一心に念ずること若しくは一昼夜せん、若しくは七日七夜にして、七日を過ぎて以後、阿弥陀仏を見ん。覚において見ずんば、夢中において之を見ん。……心、仏と作り、心、自ら見ん。心是れ仏にして、心是れ怛薩阿竭《たさあか》なり。心是れ我が身にして、心、仏を見ん。

つまり七日間こうやってひたすらに念じ続けると阿弥陀仏を見ることができるわけです。場合によっては夢の中で見ることがあるというのです。この修行法は、中国で慧遠《えおん》（三三四〜四一六）によって採用され、天台智顗《ちぎ》（五三八〜五九七）の四種三昧の一つである常行三昧になります。日本の念仏は、円仁（七九四〜八六四）が比叡山に常行三昧を取り入れたのが最初とされますが、それはこの系統です。

ここに、「心、仏と作り、心、自ら見ん」とか、「心、是れ仏」という言い方が出てきます。これは自分の心が仏であるという言い方ですが、これはこれまでの浄土教と異なる新しい思想です。つまり、今までの他者としての仏に対して、むしろ自分の心の中に仏を見ていくという方向転換を示しています。これが、その後の浄土教を考えていくうえでのもう一つの大きな仏に対する見方で、空の原理に基づいて仏と我を同一視しています。したがって、この後の浄土教は、このような自分の心の中に仏を見ていくという方向と、まさに他者としての仏を外に見ていくという方向と、両者の緊張関係の中で展開していくようになります。

それと、もう一つここで注目したいのは、夢の中において見ることもあるということです。夢というのは、われわれは今日ではもうまったく非現実なものであって、それは嘘であり虚偽だと思いがちですが、そうは簡単には言えません。先ほども、ゲームも単なるフィクションとは言えないのではないかということを申しました。夢というのは、だいたい古代から中世においては、むしろ現実よりももっと現実的なものと考えられていたのです。夢のお告げというのは、現実の中で我々が触れることよりもさらに深い現実であり、むしろそこにおいて本当に神仏に触れ、神仏の声を聞く、そういう場であったのです。ですから、夢というのは決してばかにならないのです。

この『般舟三昧経』の中には、不謹慎とも言えるような例もあります。夢の中で女性と交わると、それは夢のはずなのに、現実にそうやって女性と交わることができるのだと。そんな例を、見仏の例として挙げているのです。一見すると非常に不謹慎に思われるかもしれませんが、このことから、セックスの問題というのが、実は宗教と根源において深く関わってくるのではないか、ということも指摘できます。これは今日の話から少し外れますので深入りしませんが、そういう問題も、本当は避けては通れないことです。

その問題はちょっと置きまして、さらに話を少し先へ進めますと、その般舟三昧というのは、七日七晩不眠不休で、言ってみれば意識がもうろうとしたようなときに阿弥陀仏にお目にかかるということです。それをさらに方法として体系化したものが『観無量寿経』などの経典です。それまでの般舟三昧などの考え方は「見仏」、すなわち三昧の中で仏にお目にかかるということでしたが、それに対して、これらの経典では「観仏」、つまりはっきりとした方法論を持って段階を立てて仏にお目にかかるようになっていきます。そういう手順を踏んだものは『観無量寿経』だけではなくて、いくつか同じような経典があり、総称して「観仏経典」と言っています。

観仏の考え方が、どこでできたかということに関しては、いろいろな説がありますが、今日広く受け入れられているところでは、インドそのものよりも中央アジアにおいて発展したものであろうと言われます。中央アジアから中国へ入ってくる、そういう中で形成されてきたものだろうと考えられていて、私も基本的にはそうだろうと思っています。

今は詳細は略しまして、『観無量寿経』の念仏を最終的に次のように整理してみたいと思います。

- 念仏
  - 観想
    - 理観　（第八観）
    - 事観　（第九観）
  - 称名　（下品）

この『観無量寿経』というのは、言ってみれば、念仏に関する総決算と言いますか、いわば念仏のあり方について、ありとあらゆる形態をすべて含んでいるような経典と言うことができます。ご承知のように、『観無量寿経』は全部で十六観を説いています。十六の段階を追ってみると、そのうち前十三観が通常の観法、つまり日想観からはじめて、次第に極楽の浄土の姿を観想し、やがてその中にいる阿弥陀仏と観音・勢至両菩薩を観ずるという段階へと展開していきます。その最後の三観は九品段とも言われますが、上品上生から下品下生までの往生の仕方を説いています。

このような段階的な展開の中で、いろいろな念仏の形態が説かれています。これは後の言い方になりますが、その観想の中に事観と理観があります。事観というのは、具体的な色形を取った仏として観じるやり方ですが、これは最終的には第九観において、阿弥陀仏の本当の姿を拝するというふうに展開していく、そういう観想念仏のやり方です。

もう一つ重要なのは、後に理観と名づけられるもので、第八観の中で説かれます。先ほど少し触れました『般舟三昧経』の、「是の心が仏である」という、その説をさらに展開させたものが、この第八観で説かれています。該当箇所を見てみましょう。

諸仏如来、是れ法界身、遍く一切衆生の心想の中に入る。是の故に汝等、心に仏を想う時、是の心即ち是れ三十二相八十随形好、是の心、仏と作り、是の心是れ仏なり。諸仏の正遍知海は心想より生ず。

このように、「是の心、仏と作り、是の心是れ仏なり」という言い方がされています。これは後に、浄土念仏が禅や止観などの精神を集中させる修行法と結び付く一つの大きな根拠になります。ですから、天台の浄土教などでは、この部分が非常に重視され、目標とされます。浄土の観想から入って、最終的にはこの心、即ち自分の心を観ずる観心になります。また、いわゆる「禅浄一致」と言いまして、禅と浄土念仏とを両方統合しようという、そういう傾向の考え方においても、まさに『観無量寿経』のこの一句が非常に重要な意味を持ってきます。これが理観と言われるものですが、このように自分の心に根本真理を観じ、自分の心に仏を観ずるという、そういうやり方も念仏の一つとされるのです。

さらには、下品段においては、称名の念仏も説かれています。ここでは下品下生の往生を説いた箇所を挙げてみます。これは悪人往生段として非常に重要な意味を持ちます。

下品下生とは、或いは衆生あり、不善業・五逆・十悪を作し、諸の不善を具す。……此の如くの愚人、命終に臨む時、善知識の種種に安慰し、為に妙法を説き、念仏せしむるに遇う。彼の人、苦逼《せま》り、念仏に遑《いとま》あらず。善友告げて言く、汝若し彼の仏を念ずること能わずば、応《まさ》に帰命無量寿仏と称すべし。是の如く至心にして声を絶えざらしめ、十念を具足して、南無阿弥陀仏と称せん。仏名を称する故に、念念中に於て、八十億劫生死の罪を除く。

ここでは、五逆十悪のような悪を犯した人で、難しい修行は何もできなくても、臨終に、南無阿弥陀仏と称するだけで、その仏名を称するがゆえに、念々の中において八十億劫の生死の罪を除くことになると言われており、この後を省略しましたが、その結果往生できる、ということが書かれています。ここには、まさに称名念仏が悪人往生と結び付けて説かれています。

このように、『観無量寿経』には、念仏のさまざまなあり方がすべて説かれていて、一種の念仏の総合体系というべきものを展開していると言うことができます。ですから、その後の中国とか日本の浄土教は、この『観無量寿経』を重視して、そこから展開していく要素が非常に大きいのです。浄土真宗では、親鸞が『(大)無量寿経』を重視したために、『観無量寿経』と言うと、何か低いレベルのもののように思われがちですが、しかしそういうわけではなくて、もともと本来の浄土教の展開を考えた場合、ある意味ではこの『観無量寿経』こそ、鍵となるものだと考える必要があるかと思います。

五　他者性の復活——法然の念仏

最後に日本の浄土教について、ごくポイントとなる点だけ触れておきます。日本の浄土教については、改めて別章でもう少し考えますので、ここでは法然（一一三三～一二一二）についてのみ、触れておきます。法然の浄土教のポイントは何かというと、先ほどの他者の問題と関わってくるのではないかということです。

ご承知のように、『往生要集』をはじめ、日本の浄土教は大きく平安時代に発展しまして、そういう展開の中で、院政期に『観心略要集《かんじんりゃくようしゅう》』というテキストが書かれます。この『観心略要集』というのは、長く源信（九四二～一〇一七）の著作と考えられていましたが、私はどうもそれはおかしいのではないかと思いまして、いささか論じました。その後、西村冏紹先生（現天台真盛宗管長）が、完全に源信のものとは言えないという、ほぼ決定的な証拠を見つけてくださいました。そういうことで、源信以降、法然までの間の院政期の著作であるということは、だいたい明確になっています。それについての詳細は、西村先生と私の共著『観心略要集の新研究』（百華苑、一九九二）に論じられていますので、ご参照ください。

これはその書名から分かりますように、「観心」を説いたものです。観心というのは、心を観ずるという天台の中心的な行法のことです。それを、念仏を通して観心に至る、つまり、自分の心を観ずると言っても非常に難しいので、そこで仏を観ずる念仏を手がかりとして、自分の心を観ずることへと発展させていくという、そういう修行の体系を作っているのです。

仏を観ずるとは、具体的には仏の名前、すなわち阿弥陀仏の名前を念ずるということです。それには理由があります。というのは、本書には、「仏名を念ずるとは、其の意如何。謂く、阿弥陀の三字において空・仮・中の三諦を観ずべし。彼の「阿」は即ち空なり。「弥」は即ち仮なり。「陀」は即ち中なり」と言われています。

すなわち、「阿」「弥」「陀」の三字をそれぞれ天台の根本真理である「空」「仮」「中」の三諦に対応させているのです。かなりこじつけではありますが、そのことによって、阿弥陀の名号を念ずることとは、実は天台の根本真理、我々の心の根本真理を観ずることになるのだということになります。それによって、念仏が観心に結び付くことが可能になります。これは私の勝手な命名ですが、「阿弥陀三諦説」と呼んでいます。

阿弥陀三諦説は念仏を手がかりとして観心へと進むものですが、これを逆転してみますと、まさにこの阿弥陀の三字の中に、我々の心の根本真理が含まれているとしたら、その仏名を念ずれば、その根本真理はそこに体現できることになります。そうすると、それほど難しい修行は必要なく、阿弥陀の名前を念ずればいいのではないかということになります。

そう考えると逆に、観心という難しい修行をしなくて、ただ阿弥陀の名前を称えるだけでいいのだという、称名念仏の根拠づけに逆転していきます。ですから、おもしろいことに、一方では易しい念仏から難しい観心へと発展するはずだったのに、逆に難しい観心は別に必要はなく、簡単な称名だけでいいのだという、そちら側へと向かう新しい方向性が開かれていくのです。称名念仏への展開という意味で、これは非常に重要なテキストだと私は考えています。

法然の『選択本願念仏集』も、この『観心略要集』から直接かどうか分かりませんが、少なくともこういう院政期の天台浄土教の理論の影響を大きく受けていると考えられます。それは、『選択本願念仏集』の第三章に、どうして称名念仏で往生できるのかという理由を論じていますが、そこに難易義と勝劣義という二つが挙げられています。難易義というのは、誰でもできる簡単な行だということで、阿弥陀仏はあらゆる人々を救うために、誰にでもできるいちばん簡単な行を選ばなくてはならない、そこでいちばん簡単な行として名前を称えるという方法を採用したのだという、それが難易義です。

もう一つ、勝劣義というのがあります。これは全然根拠が違って、その阿弥陀仏の名号はいちばん優れていて、他の行はすべて劣っているのだという考え方です。では、なぜ阿弥陀仏の名号が優れているのかというと、その理由づけとして、ここに短くそのエッセンスのところだけ挙げてみます。

名号はこれ万徳の帰する所なり。しかれば則ち弥陀一仏の所有の四智・三身・十力《じゅうりき》・四無畏等の一切の内証の功徳、相好《そうごう》・光明・説法・利生《りしょう》等の一切の外用《げゆう》の功徳、皆ことごとく阿弥陀仏の名号の中に摂在《しょうざい》せり。

あらゆる功徳が全部阿弥陀の名前の中に含まれているのだというので、これは先ほどの阿弥陀三諦説と非常によく似ています。阿弥陀三諦説というのは、阿弥陀という名号の中に、「空」「仮」「中」という根本の真理が全部入っているという説です。ここで法然の言っていることも、阿弥陀という名号の中に、あらゆる功徳が入っているのだと言っています。ですから、私は明らかに前者の影響を受けていると思います。

では、どこが違うのでしょうか。この『選択本願念仏集』の言い方によると、まさに、「弥陀一仏の所有の」云々というふうに、あくまでそのなかに篭められているのは、阿弥陀仏の功徳なのです。しかも、もう一つ注目されるのは、それに関して結論的に「聖意《しょうい》測り難し、たやすく解することあたはず」と述べていることです。阿弥陀仏がなぜその名号を選んだかというのは、我々凡人には分からない、分からないけれども、阿弥陀仏はその中にあらゆる功徳を篭めてくださったのだという、そういう言い方がされているのです。

つまり、もし阿弥陀仏がその名号の中に功徳を篭めていなかったら、阿弥陀の名号だって、ただ名前だけだったら、功徳がないことになってしまいます。以前の『観心略要集』のような天台の理論だったら、名前そのものが功徳を持つわけですから、極端に言えば、阿弥陀仏がいなくても、あるいは阿弥陀仏と関係なくても、名前だけあればいいのだということになります。

ところが、『選択本願念仏集』はそうではありません。阿弥陀仏がその功徳を篭めてくださったから、はじめて名号というのは、あらゆる功徳を持つ優れた行になったのだと、まさにそこに他者性というものが加わってくるわけです。まさしく「聖意測り難い」、なぜか分からないのです。そういう他者である阿弥陀仏の営みというものがそこへ入ってくるのです。そこに、法然の新しい発展があるのではないかと考えております。

以上、浄土教の出発点から法然に至るまで、駆け足ですが、他者の問題、あるいはもう一つの大きな問題として、死者の問題というのが、浄土教、あるいはもっと言えば大乗仏教の中核としてあるのではないかということで、ひとまず、本章を締めさせていただきます。

第三章　仏教の東アジア的変容

一　仏教の諸系統

浄土教は、その原型はインドで成立したものですが、東アジアで大きく発展しました。チベットにもその要素はありますが、独立して大きく発展することはなく、東アジアの仏教の特徴と言うことができます。『無量寿経』や『般舟三昧経』は梵本がありますが、『観無量寿経』は梵本がなく、中国で成立したものではないかと疑われています。今回は浄土教の問題にも触れながら、その基盤となる東アジア仏教の特徴、中でも特に日本仏教の特徴を多少広い視野で考えてみましょう。

我々は、仏教と一口に言ってしまいますし、日本に住んでいると、何となく仏教のイメージがある程度できています。お寺の雰囲気とか、あるいはお坊さんがどんな衣を着ているかとか、だいたい普段は黒っぽい衣を着ていることが多いですね。ですから、東南アジアのお坊さんは、我々から見れば派手で、本来は糞掃衣《ふんぞうえ》と言ってむしろ汚れた色なのですが、オレンジ色のような衣を着ているとだいぶ雰囲気が違います。そういうわけで、同じように仏教といっても、実は広まった地域によってずいぶん異質のものがあります。

キリスト教の場合でも、カトリックとプロテスタントとは大きく違いますが、プロテスタントもカトリックの中から出てきていますから、そういう意味で言えば同じヨーロッパの中の変化です。もちろん、それよりもっと早く分かれたギリシャ正教であるとか、もっと早いコプト教とかいうのになってくると、だいぶ雰囲気が違ってきます。仏教の場合、そういう違いよりも、おそらくもっと大きい、ほとんど相互に交流がなかったような地域による違いというのが出てきます。

一つは、南アジアのスリランカや東南アジアへ伝わっていく、いわゆる南伝系の仏教と言われる流れがあります。次に、最近、日本でもダライ・ラマが来日したりしてポピュラーになってきましたが、チベット系の仏教があります。もう一つは、中国から韓国、日本へと、それからベトナムも実は同じ系統の仏教が入っていくのですが、そういう東アジア系の仏教があります。このように、大きく三つの流れが考えられます。

この三つの流れは、どこが違うかというと、まず用いる言葉が違います。南伝系の仏教は、パーリ語と呼ばれる言葉を使っています。パーリ語というのは、インドの一種の俗語でしたが、ブッダ自身が話した言葉に比較的近いと言われます。もっともブッダの言葉そのものではないのですが。東南アジアでは国が全部違って、タイでも、ミャンマーでも、カンボジアでもそれぞれの言語が違いますが、ただ聖典としては全部パーリ語の聖典を使っています。ちょうど、ヨーロッパで言えばラテン語が、一時期、地域の違いがあっても共通語になっていたような具合です。そういう聖典の言葉としてパーリ語を使っています。

それからチベット系統はチベット語です。ただ、チベットからモンゴルに伝わりますと、チベット語からモンゴル語に翻訳されています。ですからチベット系の仏教が全部チベット語というわけではありませんが、チベット語が基準となります。

それに対して、東アジア系の仏教はどうかというと、これはいわゆる漢文と言われる古典中国語に翻訳されるわけです。韓国でも、それから日本でも、ずっと漢文の経典が使われてきて、ちょうど南伝系の仏教がパーリ語を共通の聖典語とするのと同じように、漢文が共通の言葉として使われていました。

内容的にはどうかと言うと、厳密に言うと問題がありますが、やや雑に言ってしまうと、ある程度時代的な変化が、地域的な差異につながっています。南伝系のものも、本当は最終的に確立するのは紀元後五世紀頃と言われているので、必ずしも古いとは言えませんが、それでもいわゆる大乗に比べるとブッダの教説——原始仏教と呼ばれるブッダ時代からの教え——を割合よく保っていると言われます。

それに対して、東アジアの方に伝わった仏教はいつ頃の仏教かというと、一世紀から二世紀頃に大乗仏教ができます。それが四、五世紀頃にかけて発展していき、東アジアに伝わっていくわけです。中国では当初は必ずしもすべてが大乗ではありませんでしたが、その中で次第に大乗仏教の勢力が強くなって、そして東アジアの仏教と言えばほとんどすべてと言ってもいいくらい、大乗仏教になってしまうのです。二世紀頃から経典が入り始め、六、七世紀頃にかけて多くの経典が入ってきます。逐次的にと言いますか、新しい動きが出てくるとそれが直ちに伝えられて、中国で漢訳されていくということで、だいたい大乗仏教の初期から中期ぐらいのものがどんどん入ってくることになりました。『無量寿経』などの浄土経典もこうして入ってきました。その後、それをどう整理すればいいのかというのが、今度は大きい問題になってくるわけです。

それに対して、チベット系の仏教はどうかというと、ちょうど東アジアに伝わった仏教のその後発展したものが中心です。西暦七、八世紀頃からチベットに仏教が伝わっていきますから、その後仏教が滅亡するまでの後期の仏教です。これも大乗仏教の流れが中心ですが、チベット系統は密教が強いというのも、インド仏教の発展の終わり頃の傾向を反映しているからです。ですから、地域差が同時にある程度時代差になっているというところが非常におもしろいわけです。

そういう事情で、それぞれの地域に別々の仏教が根づいていきます。もちろん、それらの間の交渉がないわけではありません。特に中国の場合を考えますと、中国を支配した異民族の王朝、例えば元、それから、清王朝を作った満州族などもそうですが、チベット系の仏教を信仰しています。あるいは、漢民族がある程度支配しているときでも、北方には異民族が入ってきたりする場合がありまして、そうするとチベット系の仏教はかなり中国の中に入ってきます。そのような相互影響がかなりありますが、おもしろいことに多少の影響関係はありながらも、融合してしまうということはありませんでした。

ですから、中国の中でいろいろな民族があっても、中国の中心になっている漢民族は、基本的に東アジア系の漢文系統の仏教であって、彼らはチベット系の仏教は受け入れません。いろいろな民族が同居して一緒になっても、それぞれの信仰の形態は違っていまして、それがおもしろいところです。このように、三つの系統というのは、ずっと今日に至るまで別々のものとしてあります。仏教と言っても、はたして一口にまとめて仏教と言うことができるのかどうか疑問です。Buddhism という一つの宗教ではなくて、Buddhisms と、複数の s がつくとも言われるくらい形態が違ってきていますし、特に、後で触れるように、日本の仏教というのはまた東アジアの仏教の中でも特殊なところがあるのです。

二　東アジア系仏教の形成と浄土教

翻訳の作業

そこで、その中でも東アジアの系統の仏教を、もう少し立ち入って考えてみようというわけですが、先ほども触れましたように、東アジアの仏教は、いわゆる漢文――古典の中国語――に翻訳された経典に基づいています。原典のままではほとんど通用しなかったことは非常におもしろいことです。おそらく、一つの理由は中国の文化というのが中国中心だったということにありそうです。ですから、ともかく全部中国語でないと話が通じないわけです。日本などは中国から入ってきた文化を受け入れるわけですから、最初は日本独自のものなどなくて、全部中国から受け入れた文字を使います。中国はそうではなくて、古来の文明があって、その中で言葉が磨かれてきていますから、中国語になっていないものはまず受け入れません。そこで、まず中国語に直さなければならないという作業がありました。これを訳経と呼びます。

おもしろいのは、中国の場合、訳経によって翻訳されると、原典は通常なくなってしまいます。中国で翻訳したのだから、翻訳の原典であるサンスクリット語（梵語）の、あるいは初期の中国に伝わった仏典の言語は、インドの口語的なガンダーラ語と言われる系統の言葉が中心だっただろうと言われていますが、そういう原典が、当然残っていてもいいわけですが、それがほとんど残っていないのです。もっとも初期の頃は、書かれた経典ではなく、暗記に頼っていますから、原典がなくても仕方ないのですが、後には書かれた経典が用いられています。たまに、本当にごくわずか、断片的に偶然に残されたものがあります。中には日本にだけ残っていたものもあります。それに対して、チベットでは、翻訳されても、インドの原典が残っていまして、それが最近になって研究されています。今まで知られていなかったような経典の原典がチベットから出てきたことがありますが、中国の場合、まずそういうことはありません。中国語に訳してしまうと、中国語の経典がいわばオリジナルとなります。だから翻訳する前のものは要らないことになるのでしょう。

これは例えば、中国の歴史書を編纂するときでも、ある王朝が滅びると、次の王朝が歴史を書きます。そうすると、いっぱい史料を持っていて、それを使って書くわけですが、使ってしまった史料は残りません。正史として書かれると、それが正式の歴史になりますから、そのために使ったオリジナルの史料は、もう必要ないと考えられるようです。それとおそらく同じような考え方が、仏典の場合もきっとあるのでしょう。独特の中国的な発想だろうと思います。

次に、翻訳について問題になるのは、だれがどうやって翻訳したのかということですが、我々はつい簡単に考えてしまいがちです。例えば初期の頃は陸を通ってシルクロード経由が多いわけです。後になると海のほうを通って伝わる場合も出てきますが。そうすると、シルクロード経由で持ってきて、そしてそれを誰かが翻訳したというので、何となく今考える翻訳というイメージで捉えてしまいます。ところが、先ほど言いましたように、実はお経を持ってきたお坊さんと言っても、最初はお経を持ってくるわけではなくて、だいたい暗記しているわけです。つまり書かれたものではありません。頭の中で覚えているお坊さんがやってきます。ところがそうやってインド、あるいは中央アジアからやってきたお坊さんは中国語ができません。ですから、もとの中央アジアの言葉で話します。そうすると、中国人の方は今度はその言葉が分からないわけですから、ともかくそこに、仲介する人が必要になります。ある程度言葉が分かる人が間に立たなければならないわけで、普通に考えるとその人が翻訳者になりそうな感じがします。

ところが今日、例えば誰々訳のように、訳者の名前として残るのは誰かというと、実は、インドの言葉を中国語に訳した人ではなくて、最初に暗記してきたり、あるいは後になると実際に書かれたものを持ってくる場合も出てくるわけですが、それを持ってきた人です。そのお坊さんが、翻訳者のトップに名前がきます。ですから、中国語が全然分からない人が、訳者として名前が残ったりします。ただ、その中でもいわゆる名訳と知られるようなものは、やはり持ってきた人自身がオリジナルな言葉も分かって、そしてある程度中国語のニュアンスも分かるような、そういう人の訳した、いちばん分かりやすいものです。

もっとも有名なのは鳩摩羅什《くまらじゅう》（三四四～四一三／三五〇～四〇九頃）ですが、中央アジア出身の翻訳者です。それでも、彼が必ずしも一人で翻訳するわけではありません。当時の翻訳の仕方というのは、鳩摩羅什の場合はある程度中国語ができますから、おそらくは中国語で説明するはずです。そうでない場合は、原語で原典を読んで、それを説明します。それを別の人が中国語に訳します。それをさらに別の人が筆記して、そしてその文章をきれいに直していくという役割も加わりますから、グループの仕事になります。ですから、翻訳といっても、一人で机に向かってこつこつ翻訳するのではなくて、むしろ教室みたいなところで、講義しながら先生が説明していき、それを筆記しながら別の人が今度はその文章を整理していくといった具合にやっていきます。それだけ複雑で、原典から離れてしまう可能性が大きくなります。

有名な翻訳者としては鳩摩羅什と、もう一人は、唐の時代になってから三蔵法師として有名な玄奘がいます。玄奘は中国人ですが、インドの原典を勉強したいというので、わざわざ国で禁止されているのに、苦労してシルクロードを通ってインドに渡って、そこで勉強して、たくさんお経を持って帰ってきます。それが後になると『西遊記』の物語になっていきます。

玄奘の場合、自分の持ってきたお経を、非常に大きい組織で翻訳していることが分かっています。ただ、おもしろいことに、玄奘の訳というのは正確ではあるけれどもあまりおもしろみはありません。鳩摩羅什の方が時代的に古いし、必ずしも正確ではありませんが、でも読んでおもしろいというか、文学味もあるということで、今日まで使われている経典の中には鳩摩羅什の訳したものが非常に多いのです。

浄土経典の場合

ここで、浄土経典について少し触れておきましょう。一般に浄土三部経と言われ、『(大)無量寿経』『観無量寿経』『阿弥陀経』が挙げられますが、これを三部経とするのは、おそらく法然に始まるもので、それ以前には、この三経だけが特別重視されたわけではなく、他にも『般舟三昧経』などがよく使われました。『阿弥陀経』は短いので読誦用などに使われましたが、教理的に重要なのは、やはり『無量寿経』と『観無量寿経』でしょう。

『無量寿経』は梵本もあり、インドで成立していたことは明らかですが、漢訳は現在五種類残されていて、それらがかなりはっきりと時代的な変遷を表しているところに特徴があります。そもそも願の数自体が異なります。現行の『無量寿経』は四十八願ですが、初期の『大阿弥陀経』とか『平等覚経』は二十四願です。それらの初期の訳には、浄土思想の原型とも言うべき重要な思想が含まれています。そのことは、前章にも少し述べました。

これらの古い訳は、現存の梵本と大きく異なるうえに、漢文自体が読みにくく、意が通りにくいところがあります。とりわけ、三毒・五悪段といわれる箇所は、現在用いられている『無量寿経』にも引き継がれている重要な箇所ですが、どうも原典にないものを挿入しているようです。その場合でも、勝手に挿入したと言えるかというと、必ずしもそうも決められず、ある程度核となるものがあって、それを大きく潤色していくということもありえます。

阿弥陀仏というのは、梵本では、無量光（アミターバ）と無量寿（アミターユス）の二つの原語がありますが、『無量寿経』の系統は、無量光のほうが中心的に使われています。ところが、中国では「無量寿」の方が一般に用いられるようになるのは、中国の神仙思想で長寿を重んじたことと関係があるだろうと考えられています。このように、『無量寿経』はインドに由来すると言いながら、そこにはきわめて中国的な要素が多く入ってきています。

『観無量寿経』の場合は、もっと端的に中国撰述の可能性が大きいと言われます。もっとも中国で勝手に作り出したのかというと、そういうわけでもなさそうです。その頃、観仏経典と呼ばれるものが他にも翻訳されており、特に『観仏三昧海経《かんぶつざんまいかいきょう》』が有名です。これらの観仏経典もすべて梵本がなく、中国成立と考えられています。しかし、『観仏三昧海経』には、不正確ながらガンダーラ地方の仏像の情報が使われていて、中央アジアと関係が深いことが知られます。当時、中央アジアでは観仏の実践がかなり行われていて、それを受け入れながら、中国で編纂されたと考える方がよさそうです。『観無量寿経』の物語を作る阿闍世《あじゃせ》王の話も、インド以来、さまざまに変遷してきた話をもとに、新たに展開させたと考えられます。

このように見ると、『観無量寿経』には、インドの要素、中央アジアの要素、中国の要素など、さまざまな要素が複合的に入り込んでいることが知られます。私は、『観無量寿経』は最初から漢文で書かれたものと思いますが、それは中国の中心というよりは、中央アジアのトルファン辺りではなかったかと考えています。

漢訳しかない経典は、しばしば「偽経」としてニセモノ扱いされますが、簡単にそうは言い切れず、その中に多様な要素を見出すことが必要だということが最近主張されていますが、浄土経典の場合、まさにそのような複合的な観点が不可欠と思われます。

三　経典の整理と解釈——目録から教判へ

目録と集成

こうして、たくさんの経典を大勢の坊さんが持ってきて、そして翻訳してということがどんどん積み重なっていきます。それは必ずしも最初から組織的にやったわけではありません。チベットの場合は、国で組織して翻訳をやっていきますから、わりと組織的・体系的に翻訳されていきます。中国でも後の時代になって、宋の時代には、国の翻訳場みたいな場所がきちんと作られて、国家事業として翻訳しようとしますが、その頃はもう中国では翻訳熱が冷めてしまって、あまり発展しませんでした。中国で翻訳が活気を帯びていた時期というのは、まだ皆がばらばらに翻訳していますから、人によって持ってきたお経が全然違うし、翻訳のスタイルも違うし、それぞれのグループごとに違うことをやっているわけです。

そういうわけで、同じ中国へ伝わった仏教の中でも、まったくばらばらであって、こちらのグループで言っていることと向こうのグループで言っていることとは全然違ったりすることが起こってきます。それではちょっと困る、何とかしなければ、ということで、どうするかというと、ともかくあちこちで翻訳したものを集めます。これは今でも昔でもそうですが、最初にやる作業は、網羅的に収集して目録をつくる作業です。そうやって集めたものをだんだんと体系化していきます。そういう作業は中国の南北朝期にすでに始まっています。それがいちばん盛んになるのは隋から唐の時代にかけてになります。

こうして、目録に従って、今度はそのお経のセットを確定していきます。このような過程を経てセットにされたものを『大蔵経』と呼びます。お経のセットの作り方は、実は南伝系の場合と東アジアの系統のものとは全然違います。南伝系の仏教では、最初からセットの枠が決まっています。経・律・論というのでセットになっていて、三蔵と呼ばれます。三蔵法師と言われるときの「三蔵」というのも、もともとここから来ている言葉です。「経」というのは、ブッダの語った教えです。「律」というのは、ブッダが定めた生活の規律です。それに、「経」をもとにしてそれを理論的に展開したものが「論」です。

それぞれのグループで、自分たちで拠りどころにするのはこれだということで、それぞれセットを持っています。初期仏教が展開していく中で、いろいろな部派のグループに分かれます。その数は二〇から三〇と言われますが、それを大きく分けると、上座部と大衆部という大きな二つの系統がありまして、その上座部系というのが南の方に伝わったパーリ語の三蔵を持っているのです。どのグループも基本的にはセットとしての三蔵を持っています。そういう意味で言えば、最初から自分たちの聖典というものがはっきり分かっているわけです。それが維持されていますから、南伝系の聖典は非常に体系的にまとまったものです。

ところが、東アジアに伝わった仏教は、先ほど言いましたように、そういう体系化されたものがそっくり伝わってくるわけではなくて、ばらばらに個別的に伝わってきました。そこが非常に大きい違いでして、そうすると、先ほど言いましたように、それをもう一度全部、ともかく集めて整理し直すという、非常に労力の要る作業が間に入ってこなければならないことになります。

こうしてともかく全部集大成しますが、全部集めたはいいけれども、膨大な量になります。今度は集めたものをどうしたらいいかということが次の問題になります。今、専門家が使っている経典は、多くの場合、近代になって大正から昭和にかけて出版された『大正新脩大蔵経』と言われるものですが、それは全部で一〇〇冊にもなります。もっともその中には中国や日本で作られたものまで入っていますから、実際に翻訳されたものは三〇数冊です。それでも非常に分厚いものにぎっしり字が詰まって、三〇数冊ですから、かなりの分量になります。昔の偉い坊さんはそれを全部読んだと言いますが、それを読んだところで、それで仏教の教えが分かるかというと、実はそう簡単にいきません。先ほど言いましたように、実はもともとそれがセットになっていたわけではなくて、特に大乗仏教というのは、そのときそのときでいわば別のグループで、別のところで作られたものが、それぞればらばらにあったものを集めたわけですから、そうするとそれぞれで言っている内容が必ずしも合致しない事態が起こります。お互いに矛盾していたり、矛盾しないまでも全然違うことを言っていたりというようなことで、それをそのまま全部、これは仏さまが言ったことですと言って、それですぐに体系的な教えが理解できるかというと、どうもそうはいかないわけです。

教相判釈

そこで、それらの経典を何らかのかたちで、自分たちで体系化し直す作業が必要になってきます。つまり、もともとばらばらにあったものを、まず全部集めました。今度は、集めたうえで自分たちでもう一度、それをシステム化していくという、そういう作業が必要になってくるわけです。その作業を、やや専門的な言葉になるのですが、教相判釈《きょうそうはんじゃく》と言います。この言葉はあまり古い言葉ではないらしくて、しかも中国ではなくて日本で作られた言葉なので、どうも素性がよく分かりませんが、ともかくその意味するところは、「教相」というのは教えのいろいろなバラエティーと言いますか、いろいろなかたちの教えのあり方です。それをきちんと分けて解釈していくのが「判釈」です。「教相判釈」を略して「教判」とも言います。

先ほど言いましたように、もともとは、別にブッダが一人で話したことではないのに、ブッダが話したという触れ込みのもとに、お経というものがどんどん量産されていきます。そうやって大乗の経典がたくさん作られていきますが、それを受け入れたときには、全部、一人のブッダが語った言葉であると受け止められます。もともとは歴史的に、だんだんと時代を追って、あるいは地域的に別々のところでばらばらに作られたものが、すべて統合されたうえで、一人のブッダという人が全部語ったことだと解釈し直されていきます。その作業を待って、初めて東アジアの仏教というのがある統一性を持った教えとして確立するわけです。それにはここまでの作業が必要だったことになります。

そういうわけで、この教相判釈というのは、中国へ仏教が伝わって、それが整理されていく時期、だいたい南北朝の終わり頃から隋、唐代へかけて盛んになりますが、これにはいろいろなやり方があります。その中で、いちばん代表的なもので、後の日本でも多く受け入れられていくのは、天台の解釈です。天台の解釈と言っても、もともとの天台智顗の教判が後に整理されて通俗化しますので、複雑な問題を含んでいますが、今は常識的なところに留めます。

天台の説は、五時八教と言われますが、そのうちの五時説というのは、華厳・阿含・方等・般若・法華涅槃という順番でブッダが教えを説いたというものです。どう説明するかというと、ブッダが悟りを開いてすぐ、悟りの境地を説いたのが『華厳経』です。もっとも『華厳経』ではブッダが話すわけではなく、悟りを開いた境地を他の菩薩たちが説明しますが、いずれにせよブッダが悟った境地そのものを表わしたのが『華厳経』です。ところが、悟りの境地そのものはものすごく難しいものです。誰でも分かるものではありません。そこで、それを分かるように説明しなくてはならないということで、ブッダは、いちばん分かりやすい、常識に近い説明をまずしました。これが小乗といわれるものであって、それを説いた経典が『阿含経』だと言います。『阿含経』は、南伝系の仏教にも対応を持つもので、本来から言うと原始仏教にいちばん近く、歴史的にいちばん古い要素を含んでいます。

そのうえで、今度はいよいよ大乗経典を説いていきます。仏はいろいろな種類の大乗経典を説いて、少しずつ難しくしていきます。ちょうど初級から中級、上級と上がっていくような感じです。まずいちばん初歩の大乗というのが方等経典で、ここには浄土経典など含めていろいろな大乗経典が入ります。それがある程度分かってくると、今度は般若経典を説きます。『華厳経』のときは悟りの内容そのものが普通の人には分からず、とても難しいものでした。その悟りの智慧が今度はある程度分かるようになったので、それを説明したのが般若経典です。そして、いちばん最後にブッダが説いたのが、『法華経』と、それから『涅槃経』だと言います。

大まかに言ってしまえばこういう具合で、最初の『華厳経』は別として、二番目からは段階的な教授法を取って教えたものだということになります。『華厳経』は悟りの世界そのものをいきなり説いたということで、「頓教」と言います。「頓」というのは「いきなり」という意味です。その後は、段階的にだんだん説いたものなので、「漸教」と言います。このように経典の整理をしていきました。

これはなかなかおもしろいことです。何がおもしろいかというと、本来は別々のときに、別々のかたちで成立した経典です。いちばん古い要素を含んでいるのが阿含経典ですが、他は大乗経典ですからだいたい西暦二、三世紀ぐらいにできたもので、ブッダが直接説いたものではなくて、時代的にも差があるし、あるいは地域的にもおそらく違う場所で、違うグループで作られたものです。それをブッダという一人の人が説いたという、そういう前提のもとに全部整理し直したのです。広大な歴史をブッダ一人の一生の中に配置し換えたことになります。その前提のもとであれば、それなりに合理性を持っています。この五時説が東アジアでかなり広く受け入れられたのも、理由のないことではありません。

そうなると、いちばん初歩的な段階と考えられた『阿含経』は軽視されることになります。これは低いレベルのものだということで、あまり研究されないわけです。では何が重視されるかというと、ブッダの悟りそのものを表わしたといわれる『華厳経』であったり、あるいはいちばん最後の、ブッダの晩年の、これこそ自分の教えの最後だと、いちばん上級の教えだとして説いたとされる『法華経』とか、あるいは『涅槃経』とかの経典です。こういう経典が、いちばん大事な、ブッダの本当に教えたかったことだということになりますから、東アジアで重視されるようになっていくわけです。例えば、中国や韓国では『華厳経』が重視されますが、日本では『法華経』が重視されます。

他にも、いろいろな教判がありますが、日本では、空海（七七四～八三五）が密教を最上位に置いた十住心の体系を説き、これもかなり広く用いられます。また、禅が広まると、不立文字ですので、一切の経典を「教」の範疇に入れ、それに「禅」を対比させることは、東アジア全体で行なわれました。浄土教の立場では、浄土往生を説く浄土門に対して、それ以外の教えをすべて聖道門とする教判が用いられます。聖道・浄土の二門は、もとは道綽《どうしゃく》（五六二～六四五）が説いたものですが、これを教判として正面に据えたのは、法然です。五時八教や十住心説が細かく諸説を体系化していくのに対して、禅・教や聖道・浄土門は、きわめて単純化した二項対立です。

それだけ実践的とも言えますが、他面から言えば、教説の多様性への関心が薄れたという問題点が指摘されます。

四　戒律と東アジアの仏教

大乗仏教と戒律

このように、それぞれの東アジアの中でも違いが出てくるということがありますが、これはいわば経典の問題で、三蔵で言えば、経律論の「経」に当たり、律とか論のところにはあまり及びません。東アジアの仏教の一つの特徴とも言えますが、「経」が非常に重視されていきます。ですから、「大蔵経」という言い方でも「経」が付きます。とりわけ律の問題は、やや無視されていくことになります。けれども、実際の仏教の教団を作っていくうえでは、律は非常に重要な意味を持つものです。それは、集団の規律である律があってはじめて仏教教団というのが成り立つのであって、律がないと教団組織が成り立ちません。そういう意味で非常に重要な意味合いを持っていまして、最近、律の研究が、重視されるようになってきています。

よく戒律と言いますが、厳密に言うと、「戒」と「律」は違います。後ほど、その違いが問題になりますが、今は大まかにまとめて戒律と言ってしまいます。最初は必ずしも戒律というのはそれほど体系化されていませんでしたが、だんだんブッダを中心として組織ができて、それが広がっていく中で、自分たちが同じグループである、同じブッダの教えを信じ、それを実践するグループのメンバーであるという、それを証拠立てるアイデンティティーをどこに見出すかということ、そこで同じ戒律を保つということが要請されます。と言うのは、共同生活をしますから、同じ戒律を保っていないと、一緒に共同生活ができないわけです。

いちばん典型的なのは、例えば肉を食べていいかどうかということが非常に大きい問題になります。そうすると、一緒にいる人たちが、自分はベジタリアンだから肉は食べないとかいうことが起こります。今だったら個別的に食事をすることもできますが、共同生活を一緒にしようということになると、食事が違うと、それぞれ分けていかなければならないから、非常に面倒なことになります。そういうふうに、どういう戒律を守るのかということが、グループ分けの場合に非常に重要になってきます。先ほど言ったように、仏教がだんだん部派と呼ばれるグループに分かれて、二〇にも三〇にもグループができてくると、その中でどの戒律を守っているかということが、それぞれ自分がどのグループに属するかということの、いちばんの基本になってきます。

インドでも、同じ僧院に所属して共同生活をする場合、一つのお寺が必ずしも一つのグループとは決まらないで、違うグループが場合によっては共同生活をすることもありますが、その場合でも、それぞれのグループごとの生活規則というのが決まっています。いちばん典型的に言えば、肉を食べるか食べないかというようなことで、はっきりグループが分かれていくわけです。

ところが、大乗仏教では経だけがどんどんたくさん作られていきます。そうすると経による違いは出てきますが、大乗仏教によって新しい律ができたかというと、それはありません。確かに大乗戒というものが作られます。ところが、これは戒であって律ではないのです。これは戒と律の違いの一つですが、律というのは、いわばいろいろな戒の条目をトータルにまとめたセットです。そうすると、大乗というのは、個別的な規則というものはある程度あっても、それがトータルなかたちで規則の体系になっていないのです。これは、最近インド仏教の研究で非常に注目されていまして、そのことは何を意味するのかというと、大乗経典を作った人たちは、もともと部派のような意味合いでのグループを形成していなかったのではないか、つまり、大乗の人たちも、戒律のグループ分けからいくと、既存の部派のグループのいずれかに所属していて、大乗だけのグループというのは、多分なかったのではないかというのが、最近の研究の方向です。

少し考えると、大乗仏教というと、大乗仏教を信ずるグループができて、その集団で盛り上がってという感じで考えられます。実際、少し前まで日本で主流であった学説では、大乗仏教は、従来の部派と異なる在家者のグループから出てきたと考えられていましたが、今日ではこの説は否定されています。大乗経典を作った人たちも、基本的には他の既存の部派の人たちと一緒に生活していた出家者であったようです。言ってみれば同じ大学の中で、大学の規則に従って、その中に学部みたいなのがあります。さらに個人的に集まって研究会を開いたりとか、あるいはサークルを作ったりとかいうこともありますが、それは大学の組織そのものとはかなり違います。大乗というのはどうもそういうかたちで出てきたものらしくて、つまり根本の組織そのもの、言ってみれば大学の組織そのものを改革するわけではなくて、大学の組織というのはそのままにしておいて、その中ででき上がってくるサークルみたいな、そういうものと考えたらよいかと思います。

そのため、大乗がかなり活発になっても、大乗の人が守る戒というのは、確かにこういうことを大乗の立場として守りましょうというようなことは出てきますが、それはセットとしての律にはなりませんでした。あくまで基本の律としては部派の戒律を守るという、そういうやり方になっていたわけです。

このシステムが中国になってもそのまま踏襲されます。中国は、大乗仏教が中心になっていきますが、おもしろいことに、その教団のシステムはインドのもともとの部派の戒律をそのまま使っています。ただ、南伝系の仏教が、主に上座部の戒律を採用して、上座部の仏教と言うことができるのに対して、中国ではいくつかの部派の戒律が伝わりますが、その中で後々使われるようになるのは、法蔵部という部派の四分律《しぶんりつ》という戒律です。これは別に、法蔵部という部派がそのまま中国に移植されるというわけではなくて、中国で四種類の律が翻訳されますが、その中で最終的にいちばんこれが使いやすいと採用された戒律、それが四分律で、今日まで使われています。有名な鑑真（六八八〜七六三）が日本に戒律を伝えますが、鑑真が伝えた戒律というのは、この四分律なのです。ですから、東アジアの系統の仏教というのは、この四分律がもとになっています。

そうすると、用いる戒律の違いで分けた場合、三つの系統はどうなるかというと、南伝系の仏教は上座部の戒律を使っています。東アジア系は法蔵部の戒律を使っています。チベット系はどうなのかというと、根本説一切有部という部派の戒律を使っています。そういうわけで、使っている戒律の系統が違うというのも、三つの系統の仏教の違いになるのです。ただ、それぞれ違っていても、基本的には戒律の違いはそれほど極端には大きくなく、だいたいは共通するということができます。そういう意味で言えば、南伝系の仏教も、チベット系の仏教も、東アジア系の仏教も、それぞれ多少の違いはあっても、基本的にはこういう部派の戒律を守っているという点では共通すると言うことができます。

日本仏教と戒律

ところが、その中にあって唯一違うのが、日本の仏教です。これが形態上から見た場合、日本の仏教のいちばん大きい特徴になります。教理的・内容的な違いというのはいろいろありますが、それに先立つ出家者のあり方そのものが、日本の仏教は、他のアジアのすべての仏教圏と大きく異なっています。そのことでよく言われるのは、日本の仏教は坊さんが肉を食べるし、肉を食べるのはまだしも、だいたい結婚しています。これはよく指摘される問題です。坊さんが結婚しているのは、日本だけではなくて他にも多少はありますが、他では本当にごく一部分、チベット系の一部であるとか、あるいは日本の影響を受けた韓国の仏教の一部とか、非常に限られています。

もちろん僧侶の妻帯肉食が一般に公認されるのは明治時代になってからで、それまでは浄土真宗だけに認められていました。その点で、近代の日本仏教は仏教界全体の浄土真宗化とも言えます。しかし、そのようになるおおもとは、もっと古くから日本仏教の中に内在していたのではないでしょうか。なぜ日本の仏教が他と大きい違いを持ってきたのか、このことを少し考えてみましょう。

実は日本の仏教の大部分では、他の仏教圏の仏教と違って、基本的に部派の律を採用しません。何を採用するかというと、日本の仏教の大部分が採用しているのは、大乗戒だったのです。そして、この大乗戒を採用したのは誰かというと、実は最澄（七六六／七六七～八二二）でした。その意味で、最澄こそ、日本仏教の戒律観を根本からひっくり返した人だと言えます。

大乗戒にもいくつか種類がありますが、最澄が採用した大乗戒は梵網戒と呼ばれるものです。これは『梵網経《ぼんもうきょう》』という経典に説くものですが、この経典はサンスクリット語の原典がなく、中国撰述であろうと考えられています。梵網戒には、十重四十八軽戒という体系はありますが、たどよく見ていくと、必ずしも厳密な意味での生活規律にならないものです。例えば、もともと戒律には、「酒を飲んではいけない」という規則があります。ところが梵網戒ですと、そういう規則は細かい規則の中にあるにはあるのですが、いちばん原則的なところには、「酒を売ってはいけない」というのが代わりに入っているのです。これは、規則としてすごく甘いものです。と言うのは、おそらくもともと大乗戒というものは、出家者の共同生活を行うための規則ではなくて、たぶん在家、つまり世俗社会の中で暮す信者さんたちが守るべきもの、それも必ずしも具体的な規則というよりは、一種の精神的な心構えみたいなもの、そういう性質のものだったと考えられるのです。

実は大乗戒というのは中国でも使ってはいました。どういう使い方をするかというと、出家者が出家するときに誓うのは、先ほど言った四分律という、きちんと体系立った規則のシステムですが、それだけだとまだ一般の部派の仏教と違いません。そこには大乗らしさがないではないかということで、単に自分の修行だけではなくて、大乗の菩薩の精神で人々を救う、そのために戒律を守り、修行を進めようという、そういう一種の心構えとして大乗戒を受けるのです。つまり、形式的な生活規律としては、基本的に四分律に従います。ところが、それに対して精神的な心構えとして、自分が大乗の菩薩であるという、そういう自覚を持つために大乗戒を使うという、そういうやり方をしていたのです。

このことは今日でも変わりません。ただ、四分律の細かい規定は、風土の違う中国ではそのままでは通用しませんので、必ずしもすべてきちんと守られるわけではありません。例えば、もともと出家者は肉体労働に従ってはいけませんが、禅の伝統ではかえって作務《さむ》といって労働を奨励します。ただ、それでも四分律を受けることで、一人前の僧侶として、僧団の一員になるということは変わりません。戒を受けることは受戒（与える側からは、授戒）という入門儀礼で、仏教教団でもっとも重要な儀式です。

それでは、日本の場合どうなのでしょうか。先ほど言った鑑真が伝えたのは、中国の方式に則り、四分律の戒であり、同時に梵網戒も伝えました。大乗戒は、そういう精神的な心構えですから、出家者だけではなくて在家の信者さんにもそれを守るように、授戒を行います。だから、鑑真が中国から日本に渡ってきたときに、出家者に対しては四分律の戒律を授けますが、同時に、例えば、当時は聖武天皇（七〇一～七五六／在位七二四～七四九）は退位して上皇となっていましたが、聖武上皇などに対しても大乗戒を授けるのです。

このように、梵網戒はもともと出家者の具体的な生活規律ではなくて、むしろ一種の精神的な心構えであったはずでしたが、それを最澄は、これこそ大乗の戒律であって、その戒を守れば、四分律は守らなくていい、大乗戒だけでいいと主張するのです。なぜならば、大乗仏教であるならば、小乗戒である四分律を守るのはおかしく、大乗独自の戒を守るべきだというのです。これはある意味では非常に革命的なことと言えますし、また別の面からすれば、仏教の教団のあり方そのものを壊してしまうような、そういうとんでもないことでもあります。

最澄はその大乗戒の精神の根本は「真俗一貫」にあると言います。「真」というのは出家者で、「俗」というのは世俗にいる信者です。出家者も在家者も同じ戒を守り、その間の区別は基本的にないと最澄が主張しました。大乗の菩薩であるという点で言えば、出家者も在家者も変わりはなく、ともに仏教の理想を目指して進んでいくのだと。それは、ある意味では一種の理想主義です。出家者だけの仏教ではなく、在家の人たちも同じように人々のために尽くして、皆が一緒に幸福になろうということです。

実際、最澄は、それぞれの地方へ行った出家者は、国からいろいろなものをもらっても、それを自分だけで使わないで、必ずそれを人々に分け与えなさいと言っています。そうやってみんなで一緒に幸福になろうと。そういう意味では理想主義的な考え方で、今日の社会参加仏教にも通じます。しかし、裏返していうと、出家者の出家者らしさというものがなくなってしまうことになります。出家者も在家者も皆同じであれば、厳格に出家者だけ別の、在家者とは違うきちんとした生活規律を守るという、そういう必然性が成り立たなくなってしまうのです。

最澄自身は、弟子たちに極めて厳しい修行の生活を課しましたが、それは必ずしも大乗戒から出てくる必然的な道とは言えません。実際その後、大乗戒はその精神を守ることが重要で、外形的な戒律の遵守にこだわるのは間違っているという主張が強くなっていきます。

こう考えていくと、日本の仏教は戒律がルーズになり、坊さんが世俗的な生活をするようになる道は、すでに最澄が作っているということができます。しかし、悪い面ばかりではありません。そのために仏教は世俗社会の中に抵抗が少なく進出することができました。東アジアの中国や韓国でもそうですが、お寺は、町の真ん中にある場合もありますが、むしろ山の奥とか、少し社会から離れたような場にあることが多く、世俗から離れて、修行をする場という方が普通です。

それに対して、日本ではあらゆる町の隅々、あるいはどれほど小さい村にも必ずあって、社会の共同体で重要な役割を果たしてきました。もちろん、それは江戸時代の寺檀制度によるところが大きく、単純にすべてよいとは言えませんが、少なくともそれが日本仏教の特徴と言うことはできます。そして、そのおおもとを作ったのが最澄なのです。

このように、日本では比叡山で梵網戒を採用し、それが広まったために、日本の仏教は、アジアの仏教の中で非常に特異なものとして、孤立する面が出てきてしまいました。これは仏教の国際化の場合、ネックになってきます。例えば中世に日本の坊さんが中国に留学しようとすると、比叡山で戒律を受けると大乗戒しか受けられませんから、そうすると中国へ行って一人前の坊さんとして通用しないことになってしまいます。そのために比叡山で戒律を受けた坊さんが、わざわざもう一度、今度は東大寺へ行って、東大寺の四分律に基づく戒律を受け直して、それで初めて留学したりとか、場合によっては、東大寺できちんとした受戒ができなかった場合は、受戒したという偽の証明書を持って、それで初めて中国へ行ってお寺に入るという、そんな問題も出てきています。

法然は授戒・破戒を問わず、念仏すれば往生できると説いて、実際上、その教団では戒律無視が横行して社会問題となったと言われます。同様のことは、当時の新しい仏教の禅に関してもしばしば言われて、非難の対象となっています。実は、法然自体は戒律を守っていましたので、必ずしも破戒につながるわけではありませんが、その主張には破戒を許容する面があったことは事実です。

親鸞の結婚については最近また議論が盛んですが、ともかく妻帯していたことは事実です。親鸞はそのことを自覚的に思想として主張します。越後流罪の際に還俗させられますが、それを契機に「非僧非俗」ということを唱えます。ここで、「非俗」というところが大事です。ただ還俗して在家になってしまうわけではなく、僧としての戒律は守らないけれども、あくまで宗教者であろうとした決意が籠められています。親鸞の妻帯は、その後の真宗の特徴として継承され、それが先に述べたように、明治以後には他の宗派にも広がって、日本仏教の特徴となります。

ところで、このように見てくると、日本では戒律が弛緩する一方であったかのように見られますが、そうではなく、いつの時代にも仏教復興の気運は必ず戒律復興によってもたらされていることに注意する必要があります。いちばんの典型は、中世の叡尊《えいぞん》（一二〇一～一二九〇）、忍性《にんしょう》（一二一七～一三〇三）らの運動です。叡尊は仲間とともに戒律の衰退を歎き、南都において四分律復興の運動を起こしますが、戒律を受ける師匠がいないことから、自分たちだけで誓いを立てるという自誓受戒《じせいじゅかい》という方法を取ります。その活動も、既成の戒律の観念を破って、非人救済などの社会活動を積極的に行ないます。その点では、最澄の理想を現実化したとも言えます。

叡尊・忍性だけでなく、当時の仏教復興に関わった指導的な僧は、いずれも戒律を厳守しています。法然の念仏というと、先に述べたように戒律無視の動向と結び付けられがちですが、法然自身は持戒堅固で知られていました。法然はまた、戒師として、九条兼実《くじょうかねざね》（一一四九～一二〇七）のもとに出入りしていたと考えられます。

戒師は、戒律を授ける役割を果たしていました。戒律は単に生活規律というだけでなく、受戒したり、戒律を守ることで一種のパワーが身に付くと考えられていました。病気の時に受戒して、戒の力で病気を治すという考え方は、やがて臨終時に受戒して、それによって来世の幸福を得ようという考え方につながります。臨終授戒は今日でも行なわれ、戒名はその時に授けられるものです。戒名の問題は、今でも仏教界の大きな問題となっています。

念仏をすれば、戒律が要らないというのも、念仏のパワーが戒律を凌駕するということであり、その点からすれば、念仏も戒律と同質的と言うことができます。

このように見るならば、戒律の問題はけっこう複雑で、今日の日本の仏教を考える上でも、さまざまな問題を提起しているということができます。一方で、日本の仏教が戒律無視に陥ったからすべて悪いとも言えず、他方で、だからと言って、戒律が無用だとも簡単に言えません。浄土教の場合、ともすれば戒律不要ということで、その問題が軽視されがちですが、もう一度考え直してみる必要があろうかと思います。

第四章　浄土教における現世と来世

一　方法論に関して――評価の両義性

今回のテーマは、浄土教における現世と来世ということですが、最初、少し研究方法論に関することをお話ししまして、それから、本論に入ることにしたいと思います。なぜかと言いますと、従来仏教史というと、歴史の方から研究されている方が圧倒的に多く、仏教学の立場から思想として捉えようというのは、必ずしも主流ではありませんでした。しかし、今日、タコツボ的な学問の閉鎖性は打ち破られなければならず、国際的な視野や学際的な協力がどうしても不可欠となっております。第一は国際性、すなわちインターカルチュアルな問題で、第二は学際性、すなわちインターディシプリナリーな問題ということができます。そういった点を考慮に入れながら、最近問題になっていることに対して、少し私の考えを述べておきたいと思います。

最初に国際性の問題、それに翻訳という問題に触れておきますと、現代という時点で申しますと、日本の史料が国際的な視点からどう見られるかということです。当然、外から見た場合、関心も違ってくるわけで、その場合、どこに違いがあるかということをはっきりさせていくことが重要です。

例えば、これは仏教の研究というより実践の面ではありますが、日本から禅がアメリカに伝わっていきます。ところが、アメリカに伝わった禅は、今日では少しずつかたちを変えて、むしろアメリカ禅というべきものになっています。必ずしも日本の禅と一致しないような、新しい文化的コンテクトの中で新しいものが作られています。

これは当然、過去の場合にも同じことはあったわけでして、仏教がもともとインドに起こって日本まで伝わってくる間に、最初にぶつかったのが、漢訳という翻訳の問題です。ところが今度は、中国から韓国や日本に伝わってくる東アジアの範囲内においては、漢文のテキストがそのまま使われたにも関わらず、その文化的コンテクストが大きく変わるために、解釈もまたすっかり変わってきます。それをどう捉えていくかというのは、現代の問題とも関わってくる興味深い問題であろうと思います。このことは、第三章で少し考えてみました。

この問題は、仏教の枠の中で考えますと、仏教が日本化していくというのはいったいどういうことなのか、という問題になります。仏教がただちに普遍的な何ものかであるかというと、そうは言えませんが、ともかく共通して仏教と呼ばれるものがあります。例えば今日、東南アジアにも仏教があり、チベット系統の仏教もあり、そしてまた中国とか韓国系統の仏教があり、日本の仏教があります。相互に非常に形態が違ってしまっても仏教と呼ばれる、その仏教の仏教たるゆえんは何であり、それが日本的な特殊性を持つということはどういうことであろうかというと、簡単には答えられない深刻な問題です。

例えば、中世には「親子は一世、夫婦は二世、主従は三世」という言い方がしばしば出てきて、それが仏教的なものとして受け止められているということです。けれども、このような説は仏典のどこを探してもありません。全然仏教的ではないと言わなければなりません。それにも関わらず、日本の歴史的文脈の中に置かれた場合、それが仏教的なものとして捉えられてしまうのです。その場合、仏教的というのは何であろうかということが問われなければなりません。

このことを、もう少し自覚的な方法論に関する問題として考えてみましょう。最近必要がありまして、丸山眞男（一九一四～一九九六）の仏教論の問題を少し勉強しております。丸山眞男という人は、書いた論文の中では、仏教のことを正面から取り上げたものは一つもありませんが、仏教に関心がなかったわけではありません。丸山が東京大学法学部で講義をいたしました、その講義録が『丸山眞男講義録』として、全七巻で東京大学出版会から出版されました。その講義録を見ますと、かなりの部分を仏教論に費やしておりまして、仏教に対して極めて情熱的な共感を込めて書いています（第四巻。一九六四年の講義）。

丸山眞男はその講義録の中で、日本の古代から伝わってくる日本的な発想とでも言いますか、それを日本の思想の「原型」（プロトタイプ）と呼んでいます。この「原型」という言い方は、後に一九七〇年に出された「歴史意識の古層」という論文では、「古層」という言い方で表現されておりまして、この論文は、丸山の新しい展開として有名になったものです。そのもとになるものが、一九六四年の講義の中で「原型」（プロトタイプ）と言われているわけです。それに対して、仏教は世界宗教の普遍主義をもって、その「原型」を否定したという点において非常に高く評価されております。特にその中で取り上げられているのは、聖徳太子（五七四～六二二）と鎌倉仏教の親鸞、道元、日蓮（一二二二～一二八二）です。このように、丸山眞男は仏教に対して、日本的なものを超える普遍性を見ようとしているわけです。

ところが、それと正反対の評価があります。戦争中に日本ファシズムのイデオロギーのもっとも中心となったと言われて非常に評判の悪いものに、『国体の本義』（一九三七）というのがあります。これを見ますと、仏教は、次第に日本の国体の中に調和していったとして、その一番の典型として、親鸞、道元、日蓮などを挙げています。つまり、『国体の本義』によれば、鎌倉期の親鸞、道元、日蓮たちの考え方こそもっとも日本化された、つまり、普遍性から日本という特殊性の中にもっともうまく入り込んだ仏教であるという評価が与えられております。これは『国体の本義』だけでなく、戦前・戦中には広く認められていた見方ですが、丸山的な見方と正反対のものです。

どうしてこういう正反対の評価が生ずるのでしょうか。これは答えにはならないのかもしれませんが、おそらくそこには評価の両義性というべきものがあるのではないかと思います。必ずしもどちらかが一義的に正しいということは言えず、戦争中の評価は非常に偏った見方であって、戦後の丸山のほうが正しいと簡単には決められないのではないかと思われます。

もう一つ別の例を挙げてみます。平雅行さんは、亡くなられました黒田俊雄先生の顕密体制という考え方を受けて、非常に優れたご研究をなさっておられます。顕密体制対異端派という、そういうかたちで簡単に整理されてしまうのは、平さんとしても必ずしも本意ではないかもしれませんが、基本的にはそのような構図で鎌倉仏教、あるいは中世仏教を整理しようとされています。

私自身、平さんとは長い間いろいろな論争を通じながら勉強させていただいておりますが、それはともかく、もう一つ、仏教学のほうから大きな問題になってきているものに、批判仏教(Critical Buddhism)という運動があります。その代表的な論客であります袴谷憲昭さんが、ご本の中で平さんの説に触れられています(『法然と明恵』、大蔵出版、一九九八)。そこで袴谷さんは、平さんの説は自分の考え方と非常に近い、しかし、平さんは法然を異端派として位置づけるのに対して、自分の目から見れば、これは仏教のまさに正統である、と言われています。つまり、異端なのか正統なのか、まったく逆の評価が出ています。

これは、ある意味では整理はしやすい点がありまして、つまり、平さんの考え方は、当時の仏教界の情勢の中で見れば、顕密仏教と言われるものが主流を占める中で、いわゆる新仏教と言われる運動は、力の小さな異端派とも呼ぶべきものであったという考えであるのに対して、袴谷さんの言われるのは、仏教の理念という面から考えたときには、法然の考え方は正統ではないかというもので、つまり、判断の基準が違うということは推測がつきます。それでも、その場合にも、まったく逆転した評価が生じてくる、それをどう考えたらよいのであろうか、という問題はやはり残ります。

その点に関してもう少しだけ述べておきますと、例えば今の法然の例で言いますと、法然自身は、自分の仏教を正統な仏教である、正しい仏教であると信じていたであろうと思います。これは実は『選択集』の解釈に関わりまして、平さんの解釈と私の解釈で少しずれますが、私の解釈では、法然は、自分の立場こそ、つまり浄土門の念仏の立場こそ仏教のもっとも中核であると主張したと考えています。

しかし、それは別の立場から見たらまったく正統ではありません。例えば戒律という点を考えますと、戒律をいくら無視してもよいという法然の考え方は、戒律によってこそ仏教の教団は保たれ、仏教の根本は成り立つと考える人たちにとっては、これほど許されない異端はないと見られるであろうと思いますし、事実、そのような批判もなされていくわけです。

では当時、戒律復興をした人たちが、本当に仏教のおおもとに帰っていたのであろうかと言いますと、そうも言えません。当時の律宗、叡尊教団の活動は、単なる戒律復興ではなく、同時に、きわめて広範な社会活動を含むものでありました。その中には葬送儀礼や社会的な救済活動が含まれ、さらには、場合によっては金銭を扱うような金融的な活動にまで関わったであろうと考えられています。ところが、こうした活動は、本来の戒律から見れば禁止されていたはずでして、それにも関わらず、そうした本来の戒律と異なるところで日本の戒律復興運動は非常に大きな成果を上げるということになりました。

そうなりますと、法然側もまたある面での正統性と、実はそれに対するきわめて異端的な、日本的性格という両義性を持つことになります。また、それに対して、それを批判した側、例えば戒律復興の運動もまた、仏教のおおもとに戻るという正統性の主張と同時に、もともとの仏教からずれていく、そういう日本化的な要素があります。このように、常に両義的な面を考えていかなければならないのではないでしょうか。その緊張関係と言いますか、そこを軸として仏教史は展開していくのではないかというのが、私の考えるところであります。

前置き的な話が長くなりましたので、以下、このようなことを念頭に置きながら、浄土教における現世と来世という問題を考えてみたいと思います。

二　浄土経典における現世と来世

今日の日本の仏教は、しばしば葬式仏教と言われ、葬式や法事など死者に関わる儀礼を大きな経済基盤としています。ところが、「葬式仏教」という言葉自体が一種の蔑視した表現であり、仏教界においてはそれを恥じる傾向があります。仏教の理想は高邁な悟りにあり、死者儀礼はあくまで方便だというわけです。

確かに正統的な仏教理論では、日本の葬式仏教の死者儀礼は十分に説明できません。それでも、四十九日までは次の生存がいまだ定まらない中陰《ちゅういん》という期間でありまして、その間には廻向が成り立つかもしれません。廻向というのは、他の人たちが何らかの善行、例えばお経を読んだり念仏を唱えたりということによって、それが死者の功徳となり、よいところに生まれることができるというのです。しかし、次の生存が決まってしまえば、それ以後の法要がどのような意味を持つのかというのはきわめて不確かです。その源泉は中国に求められて、さらに日本で発展したものと考えられていますが、それは仏教自体というよりは、民俗的な発想が仏教儀礼の中に取り入れられたという面は小さくありません。

実は第二章で述べたように、もともと大乗仏教には死者を含めた他者の問題から出発している面と、その他者性を無化してしまう空の思想と、二つの方向性を持っていました。理論的には後者のほうが前面に出がちで、ともすればそちらのほうが高級のように考えられがちです。そうなると、死後の往生を第一の目的とする浄土教は、理論的に位置づけにくくなります。

それゆえ、民衆の信仰の中では浄土教は専ら来世往生と関連づけられるにも関わらず、仏教の理論や実践の体系においては、現世で三昧を得るという面が重視され、それと来世浄土がどのように関係するかが問題にされることになります。すなわち、理論的な著作においては、死後往生ということは決して理論の中核に置かれてこないわけです。浄土教の文献であっても、むしろ常に現世で阿弥陀仏にお目にかかり、悟りを開くという面が非常に大きく出てきます。これは、後に触れたいと思います。

以下、具体的にインドの経典から出発して日本に至るまでの浄土教の教理文献を素材に、浄土往生がどのように説かれているか、特に現世における悟り的な要素と来世的な要素とがどのように関係づけられるかを概観してみたいと思います。浄土教の教理から言えば、浄土門と聖道門がどう関わるかという問題であり、宗教哲学的に言えば悟り（enlightenment）と救い（salvation）がどう関係するかという問題になります。両者は単純な二者択一ではなく、より密接に、むしろ両義的であり、その中で拮抗し合っているような、そういう関係のものです。広範囲に亘るため、大まかで概説的なお話しになることをお許しください。また、必ずしも民衆の実際の信仰と合致するものではないという点は認識しておく必要があります。

まず注意すべきは、浄土信仰の原点になります阿弥陀仏信仰は、第二章で述べましたように、他者の問題から出発していますが、このことは必ずしも理論的に十分に解明されませんでした。むしろ理論的には空の思想の方が洗練されていきます。現行の『無量寿経』には空の思想の影響がありますが、二十四願系の経典にはいまだその影響が見えません。二十四願系というのは『無量寿経』の古い形態で、もともとの阿弥陀信仰は、このように空のような理論的な展開とは無関係のところで成立したと考えられます。空の理論によれば、一切の存在は実体を持たないものであり、それゆえ阿弥陀仏や極楽浄土にしても実在的なものとは見られないことになります。

しかし、実際には他者の問題から出発した浄土教の信仰はかなり広まったと考えられ、そこで、今度はそれを理論的なものの中にどう取り込んで、実際の信仰を理論的に裏づけていくことができるかということが大きな課題になるわけです。それが、次の『般舟三昧経』から『観無量寿経』へかけて展開されます。

このような空の理論との整合を図ったものとして、「般舟三昧」があります。「般舟三昧」は、現在仏悉前立三昧と訳されるもので、『般舟三昧経』という経典に説かれており、十方諸仏が三昧状態の修行者の前に出現するというものです。それが可能であるのは空の思想に基づいており、すべて空だからこそ、行者も諸仏も動かないままに、しかも諸仏が行者の前に現前することが可能になると説明されています。

その諸仏の代表として阿弥陀仏が挙げられ、阿弥陀仏を対象として七日七夜思念を凝らすことによって阿弥陀仏に直接お目にかかるという三昧を説いております。そこには、「心作仏」とか、「心是仏」という表現が見られて、これは『華厳経』とも共通する唯心的な仏の把握です。こうして阿弥陀仏信仰は、来世の浄土往生を願うという救済の側面と、現世で三昧に入り仏にお目にかかったり、あるいは仏と一体化するという大乗仏教一般に通ずる修行の側面という二重性、両義性を獲得することになります。

この「般舟三昧」を発展させて中央アジアで形成されたのが観仏という修行法であり、『観仏三昧海経』などの観仏経典において説かれています。その中でも『観無量寿経』（『観経』と略称）は、阿弥陀仏を対象とした観仏の方法を説いており、最も広く普及したものです。『観経』の特徴は、我が子阿闍世によって幽閉された韋提希夫人《いだいけぶにん》に対する説法という劇的な構成により、現世における観仏という修行と来世の往生とを巧みに接合し、体系化したところにあります。

この『観経』は、もともと翻訳ではなくて、インドに由来するさまざまな行法を、おそらく中央アジアのトルファン近くにおいて漢文で書かれたものであろう、というのが私の推定でして、これはある程度他の研究者の方にも認められていると思います。

その内容は十六観と言われ、十六段階に分けて心を凝らして対象を思念することが説かれていますが、そのうち最後の三観は往生の方法を九つの種類に分けて説き、九品段と呼ばれます。それに対して、前十三観で直接阿弥陀仏と極楽世界を観想するという方法を説いています。この十三観は、最初、日没の日を観察することから始めて、水、地、樹木、池というように現世の情景から次第に極楽世界の様子を思い浮かべていくという極めて体系的な方法をもって観想を進めていきます。

第六観までで極楽世界の観想を終えて、第七観以後は阿弥陀仏と観音・勢至の両菩薩の観想に移りますが、中でも第八観と第九観は阿弥陀仏の観想で、十三観の中でも中心となります。第八観は仏像を観想の対象としますが、そこでは「この心が仏を作り、この心が仏である」というふうに説いておりまして、これは『般舟三昧経』を受けていますが、唯心論的なブッダ観が明白に述べられています。念仏の方法として事観（具体的なブッダの形態を観ずる）に対して、理観（真理としてのブッダを観ずる）を説いている代表的な箇所です。ただし、事観とか理観という言い方は、もちろん経典自体には出てきません。

ところで、この十三観は、一方では現世における三昧獲得の方法を述べたものであると同時に、もう一方ではやがて行くべき来世の浄土に関するイメージトレーニングともいうべき側面を持っています。それゆえ、どちらに重点を置いて見るかで、『観経』は現世の修行のマニュアルともなりますし、来世の往生へ向けて励ます経典ともなります。また、ブッダの観想に関しても、理観と事観の両方を説いており、そのいずれの根拠ともなりうるものです。

さらに、本経の最後の三観は、上品上生から下品下生に至る九段階の往生を説いて、来世往生の方法を示していますが、その中でも下品上生から下生までにおいては、悪人が臨終の念仏で往生することを述べており、後世、極めて重視されることになります。この念仏は称名念仏です。このように『観経』では観想と称名の両方の念仏が説かれているということになります。こうして『観経』は、浄土教の多様な面をすべて含み込み、その後の浄土教が大きく発展していく基本となるものです。

三　中国浄土教における現世と来世

中国における浄土教は廬山《ろざん》の慧遠に始まると言われます。慧遠は白蓮社《びゃくれんしゃ》を結んで念仏を始めました。慧遠の念仏は般舟三昧の系統に立つもので、『念仏三昧詩集序《ねんぶつざんまいししゅうじょ》』によると、さまざまな三昧の中で、もっとも修しやすいのが念仏三昧であるとして、念仏を勧めています。慧遠と鳩摩羅什の問答を記した『大乗大義章《だいじょうだいぎしょう》』には、『般舟三昧経』における見仏がどうして可能かという問題が取り上げられており、慧遠が念仏三昧の行に深い関心を持っていたことが知られます。しかし、慧遠の伝記では慧遠が往生したということは見られず、慧遠においては、念仏はあくまで現世の三昧であって、来世往生と結び付いていなかったと思われます。

このような観想念仏の系統は中国において主流であり、称名が認められるとしても、三昧を獲得するための方便としてです。例えば、天台智顗は『摩訶止観』で四種三昧を説きますが、そのうち、常行三昧は『般舟三昧経』に基づいて、九十日間ひたすら阿弥陀仏を念じ続け、阿弥陀仏にお目にかかることを求めるというものです。この常行三昧は、日本では円仁によって、法照《ほうしょう》（八世紀頃）の五会念仏《ごえねんぶつ》が採り入れられ、むしろ音楽的・美的な念仏として影響を与えることになりました。

天台系では智顗の作とされる『観無量寿経疏』があり、実際には唐代の偽撰ですが、広く用いられました。これは、天台の観法をもとにして理観の方向を持つものですが、それをさらに発展させたのが宋初の天台の復興者、四明知礼《しめいちれい》（九六〇～一〇二八）です。知礼は偽撰である智顗の『観無量寿経疏』の注釈書『観無量寿経疏妙宗鈔《かんむりょうじゅきょうしょみょうしゅうしょう》』で、このような理観をさらに発展させ、「是心作仏、是心是仏」において天台の空・仮・中の一心三観を観ずることができると説きました。理観念仏に天台の根本的な観法を結び付けたものであり、その後、大きな影響を与えることになりました。

　このような現世における三昧の体得、理観による真理の体得という方向に対して、実際の信仰においては、死後の極楽往生ということが次第に普及していきました。特にその画期を作ったのが唐の善導《ぜんどう》（六一三～六八一）です。善導はこのような理観的な解釈と正反対の方向で『観経』を解釈し、凡夫の極楽往生を阿弥陀仏の本願である念仏によって実現させるという解釈を徹底して推し進めました。

　理観的な方向は、阿弥陀仏や浄土を外在的なものとせず、我々の心に内在するものとして把握しますが、それに対して、善導はあくまで外側の世界に実在するものと捉えます。これを「指方《しほう》立相《りっそう》」と呼びます。西方という具体的な方向に、実在的な姿を取った阿弥陀仏とその浄土があるということです。そして、その浄土に往生する方法として、称名念仏を重視します。『観経』の下品段の称名念仏を『無量寿経』の第十八願と結び付け、阿弥陀仏が本願において衆生救済の方法として採用したものと見るのです。

善導のこのような解釈は、仏教の理論から見るとかなり異端的なものであり、特殊なものです。しかし、理解しやすく、また、実践しやすいので、民衆への普及という面で、一時期爆発的な人気を得ました。敦煌などに残された浄土変相や、日本に伝えられた当麻曼陀羅《たいままんだら》などにも、善導の解釈の影響が顕著に窺われます。法然が「偏依《へんね》善導」と称して、善導の立場を採用したことはよく知られています。しかし、善導はもう一方では般舟三昧を採用しており、『観経』解釈に当たっても事観的な三昧の面を軽視しているわけではありません。

中国では善導の強い影響が見られるのは一時期にとどまり、やがてまた、理観的な要素が復活します。善導の主著『観経疏』は、その一部を残して中国では散逸してしまいます。後代の中国の仏教は禅浄一致が主流を占め、禅の修行をなしつつ、同時に念仏を修し、来世には浄土に生まれることを願う複合的な形態を取るようになります。それによって浄土教は通仏教的な理論に適合することができたのです。

日本では、理観的な面がなくなるわけではありませんが、法然以後著しく弱まります。明治になって、日本の仏教が中国に進出したとき、その中心となった浄土真宗に対して中国側は強い批判を浴びせます。それは、その浄土観・念仏観があまりに仏教の原理を逸脱しているのではないか、ということでした。日本的に発展した仏教が必ずしも普遍的に通用するものでないことを示す点で、注目されるできごとです。

四　日本浄土教における現世と来世

来世の希求――『往生要集』の場合

では、日本の浄土教の展開の中で、現世の修行と来世の往生はどのように捉えられたのでしょうか。日本においては、当初理観的な方法はそれほど発展しませんでした。これは、日本の仏教が当初きちんとした理論や修行体系を伴っていなかったことにもよるでしょう。それゆえ、日本の浄土教は来世往生や死者の鎮魂という実際信仰の面を中心に展開します。その最初の画期を作ったのが源信の『往生要集』でした。

『往生要集』は寛和元年（九八五）に完成されますが、その翌年には往生を求める結社二十五三昧会が結ばれており、両者の間にはなんらかの関係があったものと考えられます。『往生要集』は、その書名からも分かるとおり、往生のための手引き書という点で一貫しており、このことは、有名な序の次の文章からも知ることができます。

夫《そ》れ往生極楽の教行は濁世《じょくせ》末代の目足なり。道俗貴賤、誰か帰せざる者あらんや。但し、顕密の教法、其の文一に非ず。事理の業因《ごういん》、其の行惟《こ》れ多し。利智精進の人は未だ難しと為さず。予が如き頑魯《がんろ》の者、豈に敢えてせんや。是の故に念仏の一門に依りて聊《いささ》か経論の要文を集む。之を披《ひら》き之を修するに、覚り易く行じ易し。

すなわち、「濁世末代」「予が如き頑魯の者」にとって、「顕密の教法」や「事理の業因」はとても実行に耐えない、そこで、「往生極楽の教行」を求めるのが適当であるというのです。もちろん源信は、一方では『一乗要決《いちじょうようけつ》』や『大乗対倶舎抄《だいじょうたいくしゃしょう》』のような理論的な書物を著していて、決して「予が如き頑魯の者」とは言えませんが、本書はそのような理論的、あるいは理観的な要素は少なく、来世の往生を求めるという方向で一貫しています。

本書は、厭離穢土《おんりえど》・欣求浄土《ごんぐじょうど》・極楽証拠・正修念仏・助念方法・別時念仏・念仏利益・念仏証拠・往生諸行・問答料簡の十門よりなります。このように、厭離穢土と欣求浄土という基本的な枠組みの中で、それではいかにして浄土に往生できるか、という方法の問題として念仏が提示されるのです。その念仏は、礼拝・讃歎・作願・観察・廻向の五つからなりますが、そのうちの観察が通常言われる念仏に当たり、それはまた、阿弥陀仏の姿を部分ごとに観想してゆく別相観、全体として観想する総相観、眉間の白毫《びゃくごう》を観想する雑略観が立てられています。

念仏については、大文第十・問答料簡でも取り上げられ、そこでは定業（精神集中して三昧の境地に達する念仏）・散業（心が散乱した状態で行う念仏）・有相業（仏の現象的な姿を観想する念仏）・無相業（現象を超えて真理を観ずる念仏）の四つに分けられています。無相業は理観的な要素を持ちますが、源信は「諸法の性は　一切皆空・無我なりと通達すれども　専ら浄き仏土を求

め　必ずかくの如き刹《くに》を成ぜん」という『無量寿経』の文を引いて、無相でありつつも、無相で終わらずに、むしろそれゆえに有相の浄土が成り立つとしています。

源信は天台の人であり、それゆえ、『往生要集』の念仏は天台の止観の系列に立つものとする解釈もあり、確かにそれは間違いではありません。しかし、『往生要集』はあくまでも来世浄土への往生ということに目標を定めており、その点で現世での修行から悟りへという道とは明らかに異なっています。そして、その方法としては、理観的な面を著しく弱め、事観的な方法を取っています。

院政期の展開――『観心略要集』など

ところが、その『往生要集』に対して、まさに浄土教の二面性、すなわち、来世への希求と現世の悟りの実現というアンビバレントな関係を、一つのテクストの中に緊張性を持って説いたものとして『観心略要集』というテクストがあります。これについては、第二章でも触れましたが、ここでは現世と来世という観点から取り上げてみたいと思います。

本書は従来源信の著述と考えられてきたものですが、今日、偽撰であることがほぼ確実になってまいりました。この偽撰説については、私も多少の論拠を出しましたが、その後、西村冏紹先生によってよりはっきりした証拠が提出されました。

本書の序には、「それ観法は、諸仏の秘要・衆教の肝心なり。故に天台宗にこれを以て規模となす」と、天台系の観法を中心とすることを明らかに表明しています。しかし、にも関わらず本書はそれに納まらないものを持っています。それは、『往生要集』に倣った本書の構成からも知られます。

各章名を見てみますと、第一章は「娑婆界の過失を挙ぐ」、第二章は「念仏に寄せて観心を明す」、第三章は「極楽の依正《えしょう》の徳を歎ず」、第四章は「空仮中を弁じ執を蕩ず」、第五章は「凡聖、一心に備わるを釈す」、第六章は「生死に流転する源を知る」、第七章は「生死を出離する観を救う」、第八章は「空観を修し懺悔を行ず」、第九章は「真正の菩提心を発す」、第十章は「問答料簡して疑いを釈す」とありますが、このように第一章と第三章は、明らかに厭離穢土・欣求浄土の基本的な構造を示しています。このような来世往生的な浄土教観と天台系の現世における観法の実現とが重層的な複合構造を示しているのが本書の特徴です。そして、前者はまた後者の理論によって基礎づけられるという面も有しています。

この二つの面の関係をもう少し詳しく見てみます。第四章では、「空・中に入りては娑婆の執を蕩《と》かし、仮諦に出でては西方の仏土を欣ぶ」と、天台の三観を用いて往生を理論づけようとします。三観というのは空・仮・中ですが、要するにすべての世界を「空」と見るのに対して、現象的な実在性を認めるのが「仮」です。そして、両者を統合していくのが「中」ということで、これが天台の三観と呼ばれるものです。

しかし、実際にはさらに複雑な論法が用いられています。それは、仮諦に二つの立場を分けるところです。すなわち、第一の立場は、仮諦の立場で現象的なものの実在性を認め、そこに生滅無常を見るものです。ここでは、仮諦で現世の無常を観じます。それに対して第二の立場は、「仮諦即法界」の立場です。これは「我身即弥陀、弥陀即我身」、あるいは「娑婆即極楽、極楽即娑婆」と観ずるもので、「遥かに十万億の国土を過ぎて、安養の浄刹《じょうせつ》を求むべからず。一念の妄心を翻して法性の理を思えば、己心に仏身を見、己心に浄土を見ん」と言われています。この立場からすれば、現世で己心に仏身を見、己心に浄土を見るのですから、来世往生を求める必要はないことになります。ところが、実は己心に仏身を見、己心に浄土を見るからこそ、それが来世往生に結び付くという構造になっています。「乍《しばら》く此土に住して、先ず同居《どうこ》の浄土の気分を得れば、順次の往生に疑い有るべからず。根性遅鈍なるが故に、縦《たと》い今生の内に浄土を見ること能わずとも、遂に此の観力に依って、順次に必ず上品蓮台に生ぜん」と言われるように、今世の観想の成就が来世の往生の成就を確実なものとする、そういう構造になっています。

このように、本書では、本来現世の修法として最も高度なものとされる天台の一心三観を、来世の往生のための行法に転じているところに特徴があります。そのことによって、本来、困難なものである天台の修法を「根性遅鈍」の者にも解放することになりました。現世でできない分は、その願力によって浄土に生まれて、そこで実現すればよいわけです。

天台理論による来世往生の基礎づけはまた、第五章においても試みられます。そこでは、凡聖が一心に備わっていることを根拠にして、それゆえに「機応相隔てざる」がゆえに往生が可能となると言います。「機」というのは衆生であり、「応」というのは、それに対応する阿弥陀仏です。それが一心に備わっているわけですから、両者は簡単に一致できるから、だからこそ、そこにすき間がなくて往生ができると、そういう論法を取るわけです。これは、具体的に言うと、十界互具という天台の理論でありまして、仏陀の世界から地獄まで、全部一つの心の中に入っているというものです。仏陀の境界にも地獄までの九界がすべて含まれている、したがって、地獄まで、当然人間界も含めて、その救いを垂れることができる、逆に、衆生の側にも仏陀の境界が含まれているからこそ、衆生は仏陀の救済の対象となり、悟りに達しうるというわけです。

こうして本書は現世的な観心と来世往生の希求という重層構造を取り、その点で『観無量寿経』の持っていた両義性の系統に立つものです。しかし、その中に天台の一心三観とか十界互具のような理論や実践を含むことによって、浄土教は単なる方便説を超えた最高の教えを含むものとして、きわめて高い位置に位置づけられることになります。

このことは実践方法に関しても言えます。天台理論を導入したことによって、一見すると往生のために非常に困難な行が要求されそうに見えますが、実は逆です。第十章においては、「理観を修せずして、只一仏の名号を称する人、往生を得るや不《いな》や」という問いに対して、そういう人も往生できるということで往生を認めて、その理由として、「阿弥陀」という三字の中に、実は空仮中の三諦などのさまざまな高度な法門が包摂されているからだとします。だからこそ、阿弥陀仏の名号を称えれば、さまざまな真理がすべてそこに実現することになります。そして、それによって往生ができるという理論です。これは私が勝手に名づけたものですが、「阿弥陀三諦説」とも呼ぶことができるものでして、院政期以後の浄土教理論に大きな影響を与えることになります。

『観心略要集』の成立年代は必ずしもはっきりしていません。しかし、大まかに言えば院政期の初め頃と考えられます。この頃から叡山において本覚思想《ほんがくしそう》的な動向が非常に顕著になります。『観心略要集』における仮諦即法界は、その初期の形態を示すものです。本書の中心となる阿弥陀三諦説もまた、「阿弥陀」という簡単な言葉に天台の根本の真理が含まれるとする点で、本覚思想的ということができます。その後、『妙行心要集《みょうぎょうしんようしゅう》』、『自行念仏問答《じぎょうねんぶつもんどう》』などにおいて、本覚思想的な浄土教が発展します。本覚思想と言いますと、直ちに現象即実在論という立場から現世主義に立つものと考えられがちですが、しかし、それらにおいても、実際は『観心略要集』と同様に来世往生が説かれていまして、現世の悟りと来世の往生とが重層的に説かれるという構造を持っています。

それと関連して、院政期に大きく展開した密教系の浄土教にも注意することが必要です。とりわけ覚鑁《かくばん》(一〇九五～一一四四)は、密教と浄土教を一体化させ、現世の即身成仏と来世の往生とを統合していきます。一種の総合仏教の確立と言うことができます。私は鎌倉期に発展する新しい仏教のおおもとは院政期の密教にあるのではないかと考えていますが、これについての検討は今後の課題とさせていただきます。

法然・親鸞の場合

最後に、そのような院政期の浄土教に対して法然の浄土教がどういう位置づけを持つかについて、簡単に触れておきます。法然は、現世的な悟りと来世往生との両義性を解消し、非常にラディカルに現世的な悟りという面を否定して、来世往生だけに的を絞ります。その点で、『往生要集』の系譜に戻ることになりますが、もちろん『往生要集』と異なり、理観でもなく、事観でもなく、称名念仏だけに限っていくことによって、まったく新しい次元を切り開くことになります。

しかし、院政期の本覚思想的な浄土教の影響がないかというと、名号に弥陀の功徳がすべて籠められているという『選択本願念仏集』の説には、明らかに阿弥陀三諦説の影響が窺われます。また、確かに法然は往生のためには称名念仏だけで十分としながらも、実際には三昧状態に到達しており、現世の三昧が無視されているわけではありません。このように、法然の浄土教は現世の修行的な要素が消えてしまうわけではないのです。それが親鸞になると、現生正定聚《げんしょうしょうじょうじゅ》（現世で悟りが決定されていること）と言われて、現世主義的な傾向が強くなると言われます。しかし、来世往生の面が決してなくなるわけではありません。

以上、浄土教における現世と来世、悟りと救いの関係を、インドから日本まできわめて大雑把に論じてみました。この問題は、法然の強い影響下に、しばしば聖道門対浄土門のようなかたちで二項対立的な図式で捉えられてしまいますが、実は、二つの傾向はより複雑に関係し合い、また、重層的な構造を持っているというべきです。

また、この問題を、ここでは浄土教の枠内で考えましたが、その他の日本のあらゆる仏教に関係してくるものです。密教については先に少し触れましたが、究極的な立場からいけば、密厳《みつごん》浄土というのは、現世において悟りの世界が実現していることですから、来世は必要ないはずです。にも関わらず、そこに来世的な要素が入ってきます。あるいは、日蓮宗などでも、日蓮の立場でいけば、即身成仏が究極において実現するはずにも関わらず、霊山《りょうぜん》浄土というかたちで来世浄土的なものが入ってきます。そういう理論的には説明しにくい両義性が常に入ってくるということを、問題として提起しておきたいと思います。

近代になって、来世思想は急速に衰退しました。科学的に証明できない来世など、前近代の迷信に過ぎないとして、仏教の頑迷さを笑い、批判するような動向が強くなりました。仏教界もまた、それに対応して、仏教は本来現世の悟りを求めるものであり、来世論は方便に過ぎず、それに基づく葬式仏教は本来の仏教を歪めるものだというような主張が、堂々とまかり通るようになりました。しかし、それは仏教の一面でしかありません。今日、もう一度来世的なものを取り戻し、現世と来世の緊張の中から、新しい思想を築いていくことが不可欠と思われます。

第五章　本覚思想と中世仏教

一　これまでの研究経緯

前章の最後の方で、日本における浄土教の展開に本覚思想が関係することを述べました。本覚思想は、仏教が日本化した代表のようにして、しばしば取り上げられます。しかし、なかなかその全貌が捉えきれず、そもそも本覚思想の定義もかなり曖昧です。ここでは、浄土教の問題に限らず、それをも含む日本の中世仏教の捉え方を考える上で重要な本覚思想の問題を少し考えてみましょう。まずこれまでの私自身の本覚思想との関わりを中心に研究史を振り返り、その上で、本覚思想の問題点と、さらにそこから中世仏教の見方について多少考えてみたいと思います。

最初に、私自身のやってきたことを振り返りながら、従来の研究の展開をざっと見てみたいと思います。本覚思想が大きく問題になったのは、岩波の「日本思想大系」で『天台本覚論』が一九七三年に出ました、おそらくその頃からであろうかと思います。もちろん、大正頃から島地大等《しまじだいとう》（一八七五～一九二七）氏などによってその重要性は言われていましたし、さまざまな個別的な研究がなされてきましたが、それは特殊な分野にとどまって、広く日本の仏教史、歴史研究などの面においてそれほど大きく問題にされることはありませんでした。ですから、一九七〇年代頃までに出た仏教辞典の類を見ましても、本覚思想とか天台本覚思想という項目はまずないと思います。その頃からようやく話題になってきましたが、それには田村芳朗（一九二一～一九八九）先生の活動が大きかっただろうと思います。田村先生の研究や、先生を中心に編集された「日本思想大系」の『天台本覚論』などが普及することによって、本覚思想の問題は天台学の狭い範囲を超えて、仏教研究において、さらには日本史、あるいは日本思想史研究において問題とされるようになってきました。

そのきっかけとなったのは、一つは黒田俊雄氏によって顕密体制論という中世の仏教史、あるいはより広く中世史の新しい見方が提示されたことです。一九七五年に最初に体系的に発表されますが（『日本中世の国家と宗教』岩波書店）、その際顕密体制のイデオロギーとして本覚思想が大きくクローズアップされました。もう一方で、その後一〇年ぐらい経ってから、駒澤大学の袴谷憲昭氏などを中心にして批判仏教の運動が起こりました。その一つの大きなポイントは本覚思想批判であり、これは袴谷氏が一九八九年に出した本のタイトルにもなって、本覚思想が改めて問題視されるようになりました。袴谷氏などの批判仏教の運動においては、はっきり批判ということが正面に打ち出されていますが、顕密体制論においても本覚思想は体制側のイデオロギーとして見られたために、いずれにせよ本覚思想は批判されるべき理論、特に新仏教系統から見た場合、それに敵対するような思想として、マイナス的な評価を与えられつつ問題になってきたというところが一つの大きなポイントであろうかと思います。

私自身はもともと本覚思想を研究の中心に据えていたわけではありません。最初、私は大学院のときに法然の研究から出発しました。その後、それを少しずつ遡っていく過程で、本覚思想との関連がどうしてもいろいろなかたちで問題にならざるをえなくなってきました。特に田村先生の教えを受けていましたので、そういう方面を研究するようにと先生からもだいぶ言われました。私自身はむしろ、できれば避けて通りたい問題だと当初は思っていましたが、否応なく入り込んでいかざるをえなくなっていきました。

鎌倉仏教の源流を遡る研究で、最初私が使いましたのは『観心略要集』という源信の作と言われてきた念仏系の著作です。これを調べていきますと、どうしても源信のものとしては認められないものです。実は私自身まだ、これを年代的にどの辺りに位置づけていいのか、最終的に確定できないでいまして、少なくとも源信より一世紀ぐらい遅れるものだろうというぐらいの見当でしかありません。この研究は後に西村冏紹先生と共著のかたちで『観心略要集の新研究』という一冊の本にまとめました（前出）。

その後、平安中期から、さらに平安の初め頃まで研究を遡らせていきますと、その頃、一方で空海が出て、他方で最澄が出て、その後その中からさまざまな潮流が出てくる頃が、日本の仏教のその後の大きな流れを決めていく源流になるのではないかと、次第に考えるようになりました。そこから特に安然《あんねん》（八四一?〜九一五?）あたりを中心に研究を進めました。最初は大乗仏典中国・日本編の『安然・源信』（中央公論社、一九九一）にいくつか関連する訳注を収めて解説を付しましたが、その後、博士論文にまとめ、『平安初期仏教思想の研究』（春秋社、一九九五）として刊行しました。

その辺りでの私の見方は、特に天台系を中心にすることになりますが、古代・中世仏教に大きく二つの流れを考えました。もちろん日本の天台は最澄が出発点ですが、一つの流れはそこから円仁、円珍（八一四〜八九一）を経て安然によって台密が大成されます。事相面もそうですが、教相的な理論面においても安然は重要な位置づけを持つ人です。その後の本覚思想のもっとも根底となる発想は、ほぼ安然の中で出そろっていると言ってもいいほどです。したがって、安然から本覚思想へ流れていくという大きい流れが一つ考えられます。

それに対してもう一方で、最澄の発想には二元論的な峻別が強いところがあります。最澄における大乗戒の採用とか一乗論には、基本的に密教的な要素が入ってきません。しかも、最澄の一乗思想は大乗と小乗を峻別するという点で二元対立的です。全体を統合していくというより、対立させて一方を選んでいく方針です。これは一乗三乗論争においてもそうですし、大乗戒の採用においてもそうです。

このような考え方は平安の中期に飛んで、特に源信などの浄土教における穢土と浄土の対立というようなかたちでの二元論に受け継がれて、それがやがて法然の浄土教につながっていきます。そういうもう一つの流れが叡山系統で見られるのではないかと思います。こういう二つの系統が絡み合って展開していくところに日本天台の発展を見たわけです。このように、本覚思想の源流を平安期まで遡って見ていくという研究を進めました。

それと同時にもう一方で、天台本覚思想の文献そのものの研究も必要になってきました。『日本仏教思想史論考』（大蔵出版、一九九三）に収めた論文の中に「中世天台と本覚思想」というのがありますが、これは『三十四箇事書《さんじゅうしかのことがき》』を中心にして本覚思想の発想がどういうものかを分析したものです。これについては後でまた触れることにいたします。このような文献的な研究はその後、『鎌倉仏教形成論』（法蔵館、一九九八）の中に収めたいくつかの論文において個別的に検討を加え、それで本覚思想の流れが多少見当がついてきました。それと同時に、単純に顕密体制論や、批判仏教などで言われているような一面的な批判は成り立たないだろうと考えられるようになってきました。

このように、一つには源流に遡っていくこと、もう一つには天台の実際の文献の個別的な研究ということを進めてきましたが、その後もう一つ、多少関心を持ってきているのは、そういう本覚思想的な発想が中世の文化の中でどれだけ広がりを持っていったかということです。これは本当にささやかな試みにすぎませんが、『解体する言葉と世界』（岩波書店、一九九八）の中で『徒然草』の分析とか、あるいは能の問題と絡めて多少論じました。『徒然草』を論じた論文に対しては批判もいただいていますので、それについては後ほど触れることにしたいと思います。そのようなことで一九九八年に本をまとめまして、その辺りの研究は一段落して、今度は本覚思想の位置づけをもう少し大きい視点から捉え直していく必要があるのではないかと考えるようになりました。

その頃から、本覚思想に関して優れた著作がいろいろ出てきました。例えば津田真一氏の『アーラヤ的世界とその神』（大蔵出版、一九九八）という本は、氏独特の密教的世界論に立って本覚思想の再評価を図ろうとしたものです。またアメリカではジャクリーン・ストーン氏の大部な本覚思想の研究が出ました（Jacqueline Stone: *Original Enlightenment and the Transformation of Medieval Japanese Buddhism*. University of Hawai'i Press 1999）。これはほぼ、これまでの本覚思想研究を、日本のものを含めてすべて集大成するといっていいくらい網羅した本格的な研究です。これをもって本覚思想研究は新しい段階に踏み出すといってもいいくらいの大きなお仕事だと思います。

こうした文献に基づく着実な本覚思想研究としては、日本では、大久保良峻氏の『天台教学と本覚思想』（法蔵館、一九九八）などがありますが、何と言っても花野充道氏の大著『天台本覚思想と日蓮教学』（山喜房仏書林、二〇一一）が頂点を極めるものと言ってよいでしょう。本書の中には、私の説を批判したところもあり、きちんと読みこなして、そのうえで新しい議論を展開しなければいけませんが、まだそれだけの準備ができていませんので、それは今後の課題ということで、お許しいただきたく存じます。

周辺的な問題としては、三崎義泉氏の『止観的美意識の展開』（ぺりかん社、一九九九）があります。三崎氏は長い間、中世の芸術論を仏教との関係で追究してきた方ですが、これはその研究を集大成する大著です。この中で本覚思想はいちばん大きなポイントになっている問題です。これによって今後、本覚思想と中世文化の関わりを見ていく基礎が作られたと言うことができます。

また、批判仏教の展開でも袴谷氏もいろいろ本を出されていますが、松本史朗氏が、特に道元について本覚思想的な発想とどう関係していくかという問題に関して意欲的な『道元思想論』（大蔵出版、二〇〇〇）という本を出しております。このようなかたちでさまざまな新しい展開がなされてきています。

私自身はむしろ本覚思想という問題から少しはずれたいと思いながらも、何か他のことをやっては、本覚思想の問題にまた戻ってくるという具合で、行ったり来たりを繰り返しています。その過程で個別的な文献だけではなくて、全体的な捉え方をどう確立していったらいいのか、きちんと方法論を立てていかないと研究が進められないのではないかと、最近思うようになってきています。

拙著『鎌倉仏教展開論』（トランスビュー、二〇〇八）には、「本覚思想と密教」「本覚思想の定義と類型」という二つの論文を収めました。後者は、二〇〇四年に北京の中国人民大学で開催されました第一回中日仏学会議で発表したものですが、この時は「本覚思想」をテーマに日中の研究者がかなり突っ込んだ議論を交わしました。その際、日本の研究者が考える本覚思想と、中国の研究者が考える本覚思想とは少しずれているのではないかと気が付きました。後の方で指摘する区別から言うと、日本の研究者は本覚思想Aを中心に考え、それに対して、中国の研究者は本覚思想Bを中心に考えているようです。これはそれぞれの地域の仏教の性質と大きく関係しています。このことは、「理解と誤解――異文化間における相互思想理解の可能性」という論文（『他者・死者たちの近代』、トランスビュー、二〇一〇）に論じました。

なお、『日蓮入門』（ちくま新書、二〇〇〇。増補版、ちくま学芸文庫、二〇一〇）という小さな本も、その一つのポイントは、日蓮の中で特に本覚思想との関連が強いとされる文献をどう扱うかという問題です。特に日蓮の晩年に近いころの著作とされているものの中には本覚思想的な要素の強いものがいくつかあります。これらは近代の研究において日蓮のものとしては疑問であると考えられて排除されていますが、それほど確実に日蓮のものではないと断定できるかというと、どうもそうもいきません。

特にその中でも重要な『三大《さんだい》秘《ひ》法抄《ほうしょう》』というのがあります。これは国立戒壇論の根拠ともされる政治的な問題に絡む著作でして、それだけに特に戦後、いわば研究自体がタブーにされて否定的に見られていました。ところが、立正大学の伊藤瑞叡氏がコンピュータによって用語を分析して、その結果、それは日蓮の真作とされるものと用語的にほぼ一致するということから、真撰の可能性が高いということを主張されています。そうなると、いままで排除されてきた本覚思想と関連する文献ももう一度、日蓮の全体像の中へ組み込んでみていかなければならないのではないでしょうか。そういう観点からの問題提起が一つのポイントとなります。

二　本覚思想の多義性

以上、私自身の研究の進展に即して述べてまいりました。そこで次に、まとまりのないものですが、現状でのいくつかの研究上の問題点を取り上げて、提示してみたいと思います。その問題点としては三つぐらいに整理できるだろうと思います。

一つは本覚思想そのものというか、特に思想面での問題が挙げられます。第二に、本覚思想とその周辺的な文化の問題がどう関わってくるかということです。第三に、本覚思想も含めた中世の仏教全体をどう見直していくことができるのかというやや大きな問題があります。

第一の問題から考えてみましょう。本覚思想を考えていくうえでしばしば混乱するのは、本覚思想が非常に多義的に、いろいろな意味で用いられていて、論者によって意味されているところが必ずしも一致しないという問題があります。そこをもう少し整理しないと、議論そのものが成り立たなくなってしまいます。例えば、袴谷氏などは非常に幅広く、土着的な思想と習合した仏教思想全体を本覚思想と呼んでいます。そうするとあまりに幅が広くなってしまいまして、日本仏教のほとんどの部分が本覚思想の枠組みの中に入れられることになってしまいます。それではあまりに漠然としすぎて、細かいところへ行き届いた研究が進まなくなってしまいますので、本覚思想のタイプをもう少し細かく考えていく必要があろうと思います。

これは『鎌倉仏教展開論』の中で提示したことですが、まずはっきり言えるのは、本覚思想を一般的に広く言う場合と、その中でも特に天台において展開していく天台本覚思想とはいちおう分けていく必要があります。もちろん天台本覚思想は一般的な本覚思想のもっとも典型的なものですが、本覚思想を幅広く解すると、天台だけではないわけです。例えば、しばしば空海の本覚思想というような議論がされますし、そういう論文もいくつか出されています。その意味で言えば本覚思想はかなり幅広く取ることができまして、天台だけの問題ではありません。しかし、もっとも典型的なかたちで体系化して発展していくのはやはり天台の本覚思想です。このように広い意味での本覚思想と狭い意味での本覚思想を区別していく必要があります。

次に、広い意味での本覚思想を考えた場合、またそこにも二つのタイプがあるということです。何とも名づけようがないので、とりあえず本覚思想Aと本覚思想Bと、素っ気ない言い方をしていますが、もう少しうまい言い方があればいいかなと思います。どちらをAにしても別にかまいませんが、とりあえずAというのは、特に古代末期から中世にかけて天台でもっとも典型的に見られますが、それ以外においても幅広く見られる現世肯定主義、あるいは自然のあるがままを肯定していくという発想法です。それをおおまかに本覚思想Aと名づけました。

それでは、それと違うタイプの本覚思想、本覚思想Bというのはどういうものかと言いますと、これはむしろ本覚というのを一種の実体的な原理と見て、衆生の中にある絶対的な本覚をもとに悟りへと高めていくという発想法です。このBの系統では文字どおり「本覚」という言葉そのものがストレートに使われています。本覚思想Aの方では必ずしも「本覚」という言葉は使われません。例えば、天台本覚思想の代表的な文献とされるのは『三十四箇事書』ですが、そこでは「本覚」という言葉は意外に少ししか使われていなくて、必ずしもキーワードとは言えません。ですから、現実肯定的な本覚思想Aのパターンにおいては、「本覚」そのものは中心に置かれてきません。

それに対して、「本覚」という言葉そのものが重要なキーワードとなってくるような発想法があります。空海が『釈摩訶衍論《しゃくまかえんろん》』などの系統を採用してくるときに「本覚」という言葉を多く使っています。このようにBのタイプにおいては如来蔵系統の思想の流れを強く受けています。それを「本覚」というかたちで展開していることがはっきりしています。Aのタイプでは、そのようにストレートに考えられるわけではなくて、もう少し日本の中世の全体的な思想動向という面で見ていく必要があろうと考えられます。

ところで、中世の天台がすべて本覚思想になっていくのかというと、必ずしもそう言えないところがあります。そこが中世天台イコール天台本覚思想と単純化できない面でして、この辺りは今後の大きい研究課題になってくると思います。本覚思想Aのタイプが大きく発展していくのは口伝法門系統においてでして、談義などのように、公開のかたちで行われる講義においては本覚思想的な要素は強く出てきません。そうすると、口伝法門というのはそういう中でかなり特殊な位置づけを持ってくるものと考えられます。これは天台だけではなくて他でも見られますが、そういう口伝法門が当時の仏教の中でどう位置づけられるかというところを考えていかないと、どうも本覚思想の展開がはっきりしてこないだろうと見当がつけられます。ただ、この辺りの位置づけはこれからの課題で、いまだほとんど十分に研究されていません。

次に天台の本覚思想においても、本覚思想Aの要素とBの要素の両方がうまく合致しないで、Aの要素が強い文献もあるし、またBの要素が強い文献もあるというふうに、文献によってかなりずれがあります。また、一つの文献の中でも二つの要素が理論的に統合されていない場合もあります。その両者の関係をもう少し突き詰めて考えていく必要があるだろうと考えられます。

全体的な天台の中での傾向で言いますと、院政期頃から、比較的早い時代の本覚思想文献においては本覚思想Aの要素が強いのですが、その後、「本覚」という言葉を使って、あるいは言葉そのものでなくても、それに近いような衆生の中にある絶対的な要素が強調される傾向が強くなっていきます。本覚思想AからBへという流れが、おおまかですが、ある程度見られるように思われます。

その原因は一つには、おそらく禅の影響が入ってきたからではないかと考えられます。禅については後でまた触れますが、禅の中にもこの二つの要素がどちらもあります。ですから、一概に言えませんが、特にこの頃宋から入ってきて日本に大きく影響を及ぼす系統では、見性成仏という言い方で、衆生の中にある本性的なものに目覚めるというところから、衆生の中の本覚的な要素を重視しています。

このようなAとBの問題が典型ですが、本覚思想の文献にはさまざまな矛盾があります。本覚思想Aはすでにこの世界がすべて悟りの世界として実現しているという方向であるのに対して、Bでは、より内在的なかたちで原理としての本覚を考えていくという側面があります。つまり、もう悟りの世界が実現しているという発想と、もう一方ではそれをむしろ実現していくという方向です。このころの本覚思想と関係する文献を読んでいると、その二つの要素が、常に絡み合って大きな問題になっているように思います。

例えば『三十四箇事書』で見ますと、理即成仏と名字即成仏の両方が説かれています。理即というのは、まったく迷いの中にいる凡夫です。名字即というのは、その凡夫が教えを聞く段階です。理即成仏というのは、何も知らなくて、本当に凡夫のままで仏になっているということですから、仏になる要素、成仏という要素が全然入ってきません。つまり、成仏しなくても成仏しているのだということになってしまいます。非常に極端な立場です。しかし、そこまで極端化してしまうと、もう仏教そのものがいらなくなってしまいます。仏の教えに触れなくても成仏しているということですから、そこまでいくと仏教を解体してしまうような発想になってしまいます。

そうすると行き過ぎてしまいますので、そこでもう一方で、何らかのかたちで成仏という、「成る」という要素が要請されてくるわけです。それが名字即成仏です。

同じような矛盾は常にさまざまなかたちであります。例えば本覚思想系の浄土教においては、本覚思想の発想によれば、この世界で成仏は実現しているはずですから、来世で往生する必要がありません。ないにも関わらず、もう一方では常に来世の往生が要請されています。このことは前章で論じました。この矛盾は真言系の浄土教などにも見られます。成仏と往生は矛盾しながら、しかも両要素が共存して一体化しているような状態です。禅の方で言えば、頓悟で悟ってしまえばもうそれでいいはずなのに、そう簡単に一度悟ればそれで終わりという具合にはいきません。頓悟漸修と言われるように、一方では一度悟ればいいはずなのに、もう一方では時間をかけての修行が要請されてきます。そういう両側面の矛盾というのが常にあります。

これは単なる理論的な矛盾、つまり本来はなくなるはずなのに理論的に不十分であるから残ってしまった矛盾というよりも、むしろそもそも大乗仏教の本質にある矛盾ではないかと考えられます。その辺りを明確なかたちで指摘しているのが津田真一氏の図式です。津田氏は本覚という言葉をただちに使わず、氏独自の、「汝は汝の父である」という定式化をしています。その中で一方では、「汝は自ら（おのずから）汝の父である」という要素と、しかもそうであるからこそ、「汝は自ら（みずから）汝の父になるべきである」という、その二つが常にセットになっているというのです。「である」と、「なるべきである」という二つの要素が、単なる不十分なための矛盾ではなくて、むしろ本質的な問題だというかたちで提示されています。このように本覚思想の理論は内部に一種の緊張感を持った構造があるのではないかと考えられます。

本覚思想はしばしば現実肯定で、修行不要だと言われます。確かにそうではありますが、それだけに一元化できるほど単純ではありません。このように矛盾した二側面を含み、それらが緊張関係にあるということが、思想としてのダイナミズムを生んでいるということができます。その辺りの分析をこれからきちんとしていく必要があろうかと思います。

三　本覚思想の射程

思想的な面での大きな問題の第二点は、こうした本覚思想の思考パターンは、狭くは天台本覚思想ですが、広くは当時の密教、あるいは禅、浄土、そういうものすべてに共通する発想があり、いったいどこまで本覚思想と言うことができるのかということです。だんだんその周辺がぼけてしまって、いったいどこまでを本覚思想として論じていいのか曖昧になります。それと同時に、典型的なパターンとして天台本覚思想を考えるとして、天台本覚思想そのものがどれだけ他に影響を与えているのか、別のルートがあって同じような発想が出てきているのか、それとも、天台の発想法がだんだん周辺に影響を及ぼしているのか、その辺りがまだ十分に見極められていないのではないかと思います。これは今後、細かく一つ一つについて検討していかなければいけない問題です。

例えば新しい中世仏教の動向と本覚思想はどのように関係しているのでしょうか。先ほど日蓮について触れましたが、従来、田村芳朗先生などは新仏教の諸師は本覚思想とは一線を画するものとしてはっきり両者を区別できると見ておられます。しかし、先ほど言いましたように、日蓮の真偽が必ずしも確定できないような文献をもう一度取り上げて考えていくと、両者がそれほど截然と区別できるものかどうか非常に曖昧になってきます。

その他の問題も一つ一つ論じていきますとそれぞれに大きい問題があります。例えば念仏の位置づけにつきましても、田村先生は、法然系の念仏は本覚思想的な一元論とははっきり違って二元論的な世界観に立つと言っています。たしかに世界観的に見ればそうかもしれませんが、当時の動向の中に置いた場合、はたして法然系の念仏が本覚思想と無関係かというと、そうとも言えません。

例えば、明恵《みょうえ》（一一七三〜一二三二）による『摧邪輪《ざいじゃりん》』などの法然批判を明恵の思想展開の中で見てみますと、本覚思想批判という課題が浮かび上がります。若い頃の明恵は華厳の中での修行無用論的な動向に対して厳しい批判をしています。修行無用論というのは本覚思想の発想の重要なパターンでして、現実そのままに悟りの世界であれば、そこで今さら修行など必要ないという議論が当然出てきます。したがって、広い意味で言えば、明恵の初期の修行無用論批判はその当時の本覚思想的な動向に対する批判と見ることができます。

そういう流れの中で法然の念仏が批判されているのです。つまり、念仏だけでよいということは、仏教のさまざまな修行を無用とすることです。特に明恵が重視するのは菩提心を否定する点です。法然は菩提心を起こして悟りへ向かって進んでいくという過程を否定してしまいます。したがって、本覚思想的な動向に類するものとして法然系の念仏が捉えられています。法然系の念仏は世界観的に言えば、たしかに現世と浄土の二元論に立つかもしれませんが、修行という面から考えると、修行は無用で、単に念仏だけでいい、菩提心さえ必要ないということで、本覚思想的な動向と密接に関連してきます。さらに法然の系統から、造悪無碍と言われるように、どんな悪をなしてもいいのだという考え方とか、あるいは一念義などの動向とか、非常に強く本覚思想の影響が入ってきています。親鸞もそのような流れの中で考えることができます。法然の門下がそういう方向に展開していくことを考えると、本覚思想と対立するように見える法然系の念仏でも、一概にそうは言えないという面が見えてきます。

禅について見ますと、当時の禅の動向としては、叡山系統で達磨宗という流れが、しばらく前からいろいろ史料が出てきて注目されていますが、その系統へは本覚思想Bの流れが入り込んでいます。これは宗密《しゅうみつ》（七八〇〜八四一）などの流れを受ける系統でして、そこでは衆生の本質的なところにある本覚的な要素が重視されています。他方で、修行不要論的な本覚思想Aの要素もあって、一概に言えないところがありますので、今後の課題は大きいものがあります。

禅の中で、本覚思想Aの面が強いのは、馬祖《ばそ》系の洪州宗という流れです。この系統では、あるがまま主義の立場を取り、「是心是仏」とか、「平常心是道」とか主張します。それと日本の本覚思想がどう関係するかというようなことが検討課題となります。

密教との関係では、もちろん全体として本覚思想的な要素はいろいろありますが、その中でこれから考えていかなければならないのは、一つは異端とされている要素が、中世の密教的な発想の本質にかなり入ってきているのではないかという点です。例えば立川流《たちかわりゅう》の系統はずっと異端と言われて排除されてきましたが、実はそれほど決定的に異端と正統というのは分けられず、中世の密教に広く入ってきています。そこでは、性の問題を正面から受け止め、生命の誕生を宗教的に考え直そうとしています。男女の性行為から、母親の胎内で胎児が成長し、この世に生まれるまでを論じた胎内五位説など、今日の目で見ても高く評価されるものです。最近では、立川流という特定の流派があったわけではないとも言われています。

あるいは、修験的な方面とか、最近、急速に研究が進められている神仏習合的な形態もまた、密教的な発想と密接に絡んでいます。従来は本地垂迹を天台系の理論の展開として考えていくことが割合多かったのですが、最近は伊藤聡氏をはじめとする新しい研究（『中世天照大神信仰の研究』、法蔵館、二〇一一など）によって天台、真言という分け方よりも、それらを包む密教的な発想の中から中世神道が出てきたと見られるようになってきています。そういう中で出てくる密教的な発想と本覚思想がどう関係してくるのかという問題が検討されなければなりません。さらに、より広いさまざまな文化と本覚思想の関係がありますが、これについては後でまた触れます。

先ほど禅との関係について触れましたが、これについてもう少し補っておきたいと思います。特に松本史朗氏の『道元思想論』では、私の論文も引いて議論していますので、少し取り上げておく必要があります。松本氏は大きな類型として仏性内在論と仏性顕在論を立てています。中国の禅にその二つの流れがあったと言うのです。仏性内在論的な考え方は本覚思想Bに近い方向であり、仏性顕在論というのは本覚思想Aに近い方向であって、大ざっぱにはある程度認められますが、ただ、その系譜の立て方はやや強引のように思われます。すなわち、一方で仏性内在論の系統として、道信《どうしん》（五八〇～六五一）から弘忍《こうにん》（六〇一～六七四）、神秀《じんしゅう》（～七〇六）、慧能《えのう》（六三八～七一三）、馬祖（七〇九～七八八）、臨済（～八六七）と立て、もう一方で仏性顕在論の系統は吉蔵《きちぞう》（五四九～六二三）、牛頭宗《ごずしゅう》、慧忠《えちゅう》（～七七五）から天台本覚法門を通して道元へと流れていくとされています。道元はもともと仏性顕在論の系統に立っていたのが、晩年の一二巻本『正法眼蔵』において、仏性説に対して因果の立場からそれを批判していくのだというのが松本氏の基本的な考え方です。

ただ、私はこれほどきれいに分かれないだろうと思います。例えば馬祖などは、先ほど触れましたように、むしろどちらかと言えば本覚思想A、即ち仏性顕在論的な要素を強く持つと思います。したがって、松本氏の描いている図式はその辺りがやや不十分で、もう少し両者の関係を考え直していかなければならないだろうと思います。

それと同時にもう一つ、松本氏は仏性顕在論というかたちでひとまとめにしていますが、この言い方だと本覚思想の特徴が十分に捉えられないところがあります。仏性顕在論は仏性がこの現実の世界に現れてはたらいているという考え方と言えますが、もっとも発展した本覚思想Aにおいては、そもそも仏性そのものがもう問われなくなっています。『三十四箇事書』などに典型的に言われるように、衆生は衆生のままでいいとされ、草木成仏に対して草木不成仏と言うようになります。草木は成仏しないままでいい、あるいは地獄は地獄のままでいいのであって、そこには何らかの仏性の顕在ということさえも言われません。すでに仏という要素そのものも介在しないかたちで、事実そのものが表面に出てくるような発想があります。それはどうも仏性顕在論というかたちでは一言で捉えられない面があります。

それに対しては、田村芳朗先生の立てる四段階説の方がむしろ適切であろうと思います。田村先生は相即論という言い方をしていますが、基本的相即論から内在的相即論へ、さらに顕現的相即論から顕在的相即論へと展開しているというのです。基本的相即論というのは空の立場です。それが衆生の中の如来蔵のような要素になったのが内在的相即論です。そこから今度は、そういう内在的な仏性が現実の世界にそのまま現れているというのが顕現的相即論です。これは天台の方の言い方によると、理顕本と言われる段階に相当します。しかし、天台本覚思想においてはもう一歩進んで、そこで顕在的相即論に到達します。これは先ほど言いましたように、事実がその事実のままで永遠であるというので、事常住と言われる立場です。したがって、松本氏の言っている仏性顕在論は、田村先生の説だと顕現的相即論と顕在的相即論という二つに分かれていきます。この方が中世の本覚思想の特徴的な発想を捉えることができるのではないでしょうか。その辺りが松本氏の説ではやや不十分ではないかと考えられます。お二人の説を較べてみると、以下のようになります。

〔田村芳朗説〕	〔松本史朗説〕
基本的相即論	
内在的相即論	仏教内在論
顕現的相即論（理顕本）	仏性顕在論
本覚思想A――顕在的相即論（事常住）	仏性顕在論
本覚思想B	

なお、上に書いた「本覚思想A」と「本覚思想B」は、私の説を対応させたものですが、「本覚思想A」は顕在的相即論に対応しますが、「本覚思想B」の方は田村先生や松本氏の分類ではうまく対応するものがありません。

禅の問題は密教の問題と合わせて今後、日本の中世の仏教を考えていくうえで重要な意味を持ってくると考えられます。従来、禅というと一方では道元が考えられ、臨済系統ですと、その後、鎌倉時代後半に入ってくる南《なん》浦《ぽ》紹明《じょうみょう》（一二三五～一三〇八）の系統の純粋禅というか、公案を中心とした禅が重視されてくるために、鎌倉期の諸宗が融合したような、あるいは特に密教などの影響を強く受けている禅は、ほとんど無視されたり、あるいは軽視されてきてしまっています。そういう要素はこれからもう一度見直していく必要があると言えます。

それと同時に、すでに中国においてかなり強い本覚思想の要素、これはAの要素もBの要素も出てきていますが、それと日本の本覚思想がどのように関係するのか、つまりそこに何らかの影響関係があるのか、それともまったく独立的に出てきているのかという問題があります。どうも直接的な影響ではなくて、日本における本覚思想の展開と、中国禅における本覚思想というか、あるがまま主義とは別のように思います。その場合、類型論として両者がどう違うのかというようなことは、これから考えていくべき問題と思います。

例えば、『祖堂集』の中に懶瓚《らんさん》和尚（八世紀頃）の「楽道歌」というのがありますが、一種の自然主義の典型的なものです。そこに、「兀然《こつねん》として無事にして改換無し、無事にして論ずること一段を用いず」とか、「心は是れ無事の心、面は是れ嬢生《じょうしょう》の面」などという句が見られます。「嬢生の面」というのは母親から生まれたままの顔ということです。心は何もすることがない、あるがままの心であり、この顔は、さらに言えば身体ですが、この身体は母親から生まれたままの身体だ、つまり、自然のままでいいのだという発想です。「万法皆しかり、もとより生ずる無し。兀然として無事に坐し、春きたれば草おのずから青し」。このように自然のままということが強調されています。このような発想をどう位置づけるかということが、これから考えていくべき問題だろうと思います。

以上お話したのは、思想に内在したかたちでの本覚思想の問題ですが、もう少し広く中世の文化と本覚思想をどう捉えていくべきかということも必要です。これにはもちろんいろいろな問題がありますが、例えば、三崎義泉氏から私の『徒然草』論に対しての批判が提示されました（「摩訶止観と徒然草（Ⅳ）」（『天台学報』四〇、一九九八））。

批判されたのは『解体する言葉と世界』の中に入れた『徒然草』についての論文です。兼好法師（一二八三頃〜一三五二以降）という人は仏教の精神に立った実践的な問題意識を強く持っていたことは間違いありません。当時の仏教のあり方では本当の仏教的な精神は生かせない、そういう意味で仏教からもう一度離脱することによって、本来の仏教の自由な精神を回復させようとしているのではないか、したがって、仏教的な精神を生かすために脱仏教、つまり仏教をもう一つ乗り越えていくと、そのように捉えるべきではないかというのが私の『徒然草』観でした。

三崎氏はそれをもう少し天台教学自体の中に内在させて捉えており、私の言い方でいうと脱仏教的な要素はなく、むしろ基本的に仏教自体の中で捉えられるべきものとして考えています。全体的に、あくまで観心を行うべきだとか、菩提心を起こして修行していくべきだという方向から『徒然草』を読み取っています。しかし、この捉え方は少し無理ではないでしょうか。これでは『徒然草』をある枠の中にはめてしまって、『徒然草』の自由な発想が死んでしまうのではないかと私は考えます。

『徒然草』に関する私の理解は至らぬところが多く、もう一度考え直さなければなりませんが、それは今後の課題とさせていただきます。

四　中世仏教への視角

すでにいくつか今後の課題とすべき問題を挙げましたが、さらに本覚思想からもう少し大きいパースペクティブで、中世仏教全体の見方、今後の研究法というところに発展して、その中で本覚思想をどのように位置づけることができるのかという最後の問題について少し触れてみたいと思います。

それは、基本的に言いますと、近代における仏教研究の限界をどう乗り越えていくかということになろうかと思います。近代の仏教研究、特に日本仏教に対する見方は鎌倉の新仏教を中心とする見方に代表されますが、非常に大きな偏りがあったということは最近広く認められ、それを正さなければならないと言われています。

新仏教中心の考え方の一つのポイントは、反密教的であるということです。近代的な考え方の中で、密教というのは反近代性のいちばんのポイントのように挙げられてきました。合理的でなく、呪術的であり、そしてまた、加持祈禱によって体制と密着して、民衆の仏教とならないで体制仏教になってしまったとされました。いわば悪い要素はすべて密教に押し付けられるようなところがありました。それに対する鎌倉新仏教は、そういう密教的な要素を否定して、合理的であり、近代にまでつながっていくような思想的な要素を持っているという点で評価されてきました。

一九八〇年代ぐらいから一種の密教ブームみたいなものが起こりまして、その状況は今ではかなり変わってきました。だからといってそれでいいかというと、八〇年代ぐらいから出てきた密教ブームは、それまでの合理主義的な仏教観の逆転のうえに成り立っていて、それまでの仏教観が合理主義的なものであるから、それに対する非合理的な要素の再発見というかたちで出されてきています。その意味で言えば、基本的な分け方、合理的か非合理的か、あるいは近代的か、そうでないかという二元論は変わっていません。近代の行き詰まりに対するポストモダン的なものと、近代以前的なものとが結び付くようなかたちで、無批判に密教ブームに流れ込んでしまっているというところがあるのではないかと思われます。したがって、密教ブームで、今まで否定されていた密教が見直されるようになったから、それで万歳かというと、そうも言えないのではないでしょうか。ここはもう一度考え直してみなければいけないと思います。

そこで、これまで展開してきた仏教研究の研究史を踏まえながら、その中でどういうかたちで密教的なもの、そしてまたその中へ入ってくる本覚思想的なもの、そういうさまざまな中世的な要素を新たに織り込んでいくことができるのか、もう一度方法論に立ち返って考えていかないと、単純な肯定か否定か、否定を裏返して肯定になるというだけのものにしかならないのではないでしょうか。これは広く言ってしまえば、中世の思想をどういうかたちで見直していくことができるかという問題になります。前章にも触れたように、浄土教も密教との関係の中で捉え直していくことが必要です。

ところが中世の文献を実際に扱っていくと、本覚思想の口伝法門関係の文献など、いま読むとばかばかしいような要素が非常に大きいわけです。例えば、ありもしない本を捏造して、それをあたかも引用するようなかたちで権威づけをしていきます。それは例えば『漢光類聚《かんこうるいじゅう》』とか、その辺りの中世の本覚思想のテキストに非常にはっきり表れています。このようにテキストの成り立ちそのものが近代的な批判的な目から見たら、まったくばかばかしいようなつくりになっています。かつてそういうものは、だからそもそも研究に値しないもの、程度の低いもののように思われていましたが、そういうものをどういうかたちで思想史の場に引き出してくることができるのか、そこには検討すべき問題が少なくありません。

例えば、能のほうでも世阿弥《ぜあみ》（一三六三？～一四四三？）の『花伝書』とか、いろいろ定評のある理論書があります。もう一方で、こんなものはナンセンスだといって捨てられてしまっているようなものもあります。例えば禅竹《ぜんちく》（一四〇五～一四七〇？）の書いたものとして『明宿集《めいしゅくしゅう》』というけっこう長いものがありますが、こんなものはもう全然内容はナンセンスで、従来はほとんど読むに値しないものとして見られてきました。ところが、その中には本覚思想的な要素が強く入っています。従来ほとんどばかにされてきた要素を改めてどういうかたちで読み直していくかということが、大きな問題になっていくだろうと思います。

密教のもの、あるいは神仏習合関係のもの、そういうものの読み直しの中で、本覚思想ももう一度見直していくことが必要になります。例えば全然ありもしないものを文献があるかのように引用して権威づけていくような発想法も、それはそれなりに中世のある一つの重要な発想のパターンであるわけですから、それをもう一度見直していかないと中世の思想は見えてこないと思います。密教の方で言えば、先にも触れたように、立川流のような系統を単なる異端としてではなくて、本質的な根底のところにあるものとして捉え直していかなければいけないと思います。親鸞の妻帯も、そのような動向と無関係ではありません。

最近、神仏習合の方では、中世神話ということが言われます。それは一見するとナンセンスな話が多いのですが、そこには古代神話とも違うし、また近代的な合理主義とも違う、中世独自の世界観が現われています（山本ひろ子『中世神話』、岩波新書、一九九八など参照）。従来は中世がいかに近代に、そして現代につながるかという、そちらの要素だけが見られてきましたが、むしろ近代につながらなくて、中世独自の世界がどういうかたちで展開しているのかという面から見直していく必要があるのではないかと思います。

私はそれを、自らの内なる他者としての中世を見直すというふうな言い方をしています。すなわち、今の表層の自分にストレートにつながってしまうのではなくて、むしろ自分とある断絶を持った理解困難な他者として、その独自の構造を分析していくことです。しかし、それが実は今の私たちと無関係なのではなく、私たちの奥深くに埋め込まれている深層の世界を解明することになるのではないでしょうか。そういう態度で見ていくことが必要なのではないかと、そのようなことを考えています。法然や親鸞の浄土教も、そのような中で改めて考え直していく必要があります。

既に触れたように、法然や親鸞の浄土教は、さまざまな面で本覚思想と密接に関係しています。おそらく中世の仏教は、本覚思想対反本覚思想のような画然とした対立図式ではなく、全体として本覚思想的な発想が浸透する中で、それに対して様々な対応がなされ、多様に展開していくと見る方がよさそうです。本覚思想は近世になって批判されるようになります。そこには、口伝法門から聖典の印刷普及へという、知識伝達手段の大きな変革がありました。そうした変遷も含めて、もう一度本覚思想を考えていくことが必要です。

第六章　新しい親鸞像をめざして

第一節　近代的親鸞像を超えて――思想を中心に

一　近代的親鸞像の形成

親鸞というと日本を代表する仏教者だと考えられています。実際、特別に門徒の方でなくても日本人でいちばん親しまれている仏教者であろうと思います。確かに真宗教団は、東西両本願寺を合わせそのほかの派を合わせてみますと、日本の仏教教団の中でいちばん大きいですが、それでも親鸞が日本の仏教の中心と言いますか、代表と考えられるようになったのはそう古いことではなくて、明治以後のことです。

明治になってそれまでの仏教の形態が大きく変わります。坊さんの肉食妻帯が認められるようになり、仏教が世俗社会の中で活動しなければならなくなります。それまでは本願寺は確かにかなり勢力は大きかったわけですが、しかし、仏教界からすればかなり特殊と言いますか、異端的と言いますか、少なくとも仏教を代表するような位置には置かれてはいませんでした。それが、日本仏教全体の性格が変わって、今までのように大きいお寺を中心として、幕府やあるいは朝廷の援助のもとで栄えていたような仏教のあり方が不可能になりました。そうなると、個人の信仰をもとにした新しいかたちの仏教を作らなければなりません。そこで、真宗的なあり方がそういう時代にいちばん合致してきます。そのような事情もあって、親鸞、あるいは真宗の教えというものが脚光を浴びることになります。

『歎異抄』中心主義

その中でも非常に特徴的で、近代の親鸞の解釈でそれまでと大きく違うのは、『歎異抄《たんにしょう》』が読まれるようになったことです。これも実は近代、それもそれほど古いことではなくて、二〇世紀になってからのことです。大谷派に清沢満之という方が出ます。今の大谷派の教学は清沢の系統から出ています。清沢満之が初めて『歎異抄』とはすばらしいものだと言って、いわば発見するわけです。それまでは『歎異抄』というのは蓮如《れんにょ》（一四一五～一四九九）によって禁書にされ、むしろ危険な書物で読んではいけないとされていたのが、清沢以後は非常に読まれるようになりました。

清沢自身はそれほど積極的に『歎異抄』を講義したわけではありませんが、清沢のお弟子さんの中でもいちばん代表的な暁烏敏《あけがらすはや》（一八七七～一九五四）が、いち早く『歎異抄』の講義を手がけます。それから清沢とは直接の師弟関係にはありませんが、非常に近い関係にいた近角常観《ちかずみじょうかん》（一八七〇～一九四一）という人も『歎異抄』の講義を行います。だいたい二〇世紀初めぐらいから『歎異抄』の講義が行われるようになります。近角の影響力はかなり広く及んだようです。それがさらに一般に広まるようになったのは、大正時代に倉田百三《くらたひゃくぞう》（一八九一～一九四三）という文学者が『出家とその弟子』という戯曲を書いてヒットしたことによります。これは、親鸞と、『歎異抄』の著者とされる唯円《ゆいえん》（一二二二～一二八九）、それに親鸞の子供で義絶されたといわれる善鸞《ぜんらん》（生没年未詳）との関係、そういう人間ドラマと言いますか、親子の関係とか恋愛の問題のような、その頃の若い人たちが悩んでいたような問題を、『歎異抄』の中に読みこもうとしました。それが非常に若い人たちの支持を受けるということがあって、『歎異抄』的な親鸞が流行するようになっていったのです。

『歎異抄』といっても、いわゆる「悪人正機」といわれる『歎異抄』の第三章に書かれていることが中心として読まれるようになります。それが当時の若い人たちや、あるいは知識人、さらにはいろいろな文化人の中で悩みを持つ人たちの心の問題を吸収していく、そういう性質を持っています。

『歎異抄』が読まれるようになってから、わりと早い頃にどういう点から悪人の問題が読まれたかというと、いちばん大きな問題として挙げられたのが、恋愛とか性欲の問題です。今から考えると、なぜそれが代表的な罪悪問題なのか不思議な感じもしますが、明治には江戸時代の儒教的な倫理が継承され、むしろ強化されます。儒教は、もともと武士のものであって、必ずしも一般の人の倫理・道徳ではありませんでした。ところが明治になると、儒教的な倫理を一般的な人々まで及ぼそうということになります。儒教というのは一種の禁欲主義的な生活倫理の立場を取りますが、そこへ当時一九世紀のヨーロッパのプロテスタント的な倫理というのがもう一つ入って、重なってきます。これも非常に禁欲的な性質を持っていまして、その中で性の問題とかが非常にやっかいな問題として出てくるわけです。ちょうど二〇世紀の初め頃には、例えば文学などでは自然主義が出て、人間の性欲を描くことになります。そういう中で、性の問題、恋愛の問題を煩悩と捉えることによって、その問題の解決の一つを『歎異抄』に見ようとしたのです。

後には、学生や若い知識人が戦前、正義感からマルクス主義の運動に加わっていきますが、弾圧に遭って転向します。その時、『歎異抄』を手がかりに信仰に入っていくわけですが、そういった知識人の罪悪感といったものを吸収する受け皿となっていきます。そのように悪人、というか、弱い人間を救ってくれる、誰でも何でも救ってくれるという、いわゆる日本的な「甘えの構造」の一つの典型的なものとして、『歎異抄』的な近代的親鸞像が受け入れられるようになりました。

それが一方にありまして、もう一方で、近代的な親鸞像がどういうところから描かれてくるかというと、歴史の研究者の中から作られてくるものがあります。歴史的な研究というと、親鸞はいなかったという親鸞非実在論が唱えられたというようなことが言われますが、本当はそこまで極端な説が主張されたわけではありません。ただ親鸞という人は内部の資料はいろいろあって、真筆もたくさん残っていますが、外側にはほとんど親鸞の実在を証明する資料がありません。例えば、親鸞は流罪に遭います。法然と一緒に法難に遭うというのであれば、これは教団の中で、かなり重要な位置を占めたと思われますが、法然側の資料の中には親鸞の名前が出てきません。それは、おかしいのではないかというようなことが問題にされました。しかし、真筆のものがたくさんあるうえに、『恵心尼文書《えしんにもんじょ》』が出てくることによって、親鸞の歴史的実在が大正の頃に確認されまして、研究が本格的になされるようになってきました。

新仏教中心史観

大正の頃から、いわゆる鎌倉新仏教を中心にした歴史観が定着するようになってきました。それはどういうものかというと、鎌倉時代の親鸞とか道元、それから日蓮、そういう後の日本の仏教の大きい教団のもとになる祖師ですね、そのような鎌倉時代の祖師たちが日本の仏教の最高峰であると考えられました。それまでの平安時代までの仏教というのは、鎌倉時代の新仏教を用意する準備段階であり、鎌倉時代にも旧仏教があるけれども、これは滅びていくべき古臭い仏教であるから、それで鎌倉時代に最高峰に立つ祖師たちが出て、新しい宗派が作られる。ところが、やがてその後新仏教もだんだん衰退していくと言いますか、広がってはいくけれども、内容的には硬直化していってだめになって、堕落してしまう。だから、鎌倉時代の仏教こそが最高だと、そういう歴史観が作られます。

このような歴史観がどこから出てくるかというと、ヨーロッパの宗教改革との対比というのが非常に大きく関係します。ご存じのように、宗教改革というのは、マルチン・ルター（一四八三〜一五四六）がカトリックの硬直化して腐敗した教権に対して反旗を翻しました。そして、そういう制度ではなくて、あくまで個人の信仰を中心として、新しい近代的な宗教に作り替えるわけです。その際に、呪術からの解放ということが言われます。要するに、それまでのカトリックというのはちょうど日本の古い仏教と同じような呪術的な信仰に依存しています。例えば、聖人の信仰やマリア崇拝のようなもので、聖なるものに祈って呪術で病気を治すというようなことが行われました。ところが、プロテスタントでは、そういう呪術的なものを否定して、近代的な宗教に組み替えたと言われます。呪術からの解放ということは、社会学者のマックス・ウェーバーによって近代化の特徴として喧伝されました。

そういうプロテスタンティズムの運動と新仏教とを較べるわけです。これは大正時代にヨーロッパの歴史を研究していた原勝郎《はらかつろう》（一八七一～一九二四）という人が言いだしたことですが、原勝郎が中心として取り上げたのは、むしろ法然の教団の運動でした。歴史学の方で親鸞がとりわけ大きく取り上げられるようになるのは、戦後、左翼系の歴史家が親鸞を賛美したことがあるかと思います。例えば、家永三郎《いえながさぶろう》（一九一三～二〇〇二）の影響などは大きいものがあります。家永さんは教科書裁判などでも有名ですが、戦中から戦後にかけて、日本仏教研究をリードされた方です。そういう歴史家の方の研究が進められ、とりわけ家永さんらが、『歎異抄』こそ親鸞のいちばん中心的な思想を表しているということを言うわけです。それは、戦後の民衆中心主義的な考え方にも合致しました。つまり、エリート貴族ではなくて、誰にでもできる念仏を打ち立て、硬直した既存体制に対する個人の信仰を確立したという評価が定着します。

近代的仏教観、近代的親鸞像への反省

こういう評価がひっくり返ってくるのは、一九七〇年代の中頃に黒田俊雄さんが顕密体制論を唱えてからのことです。黒田さんは、大阪大学から大谷大学の教授になりましたが、北陸の門徒の出身で、親鸞に対する思い入れが深い方です。その黒田さんが主張したのが顕密体制論です。それはどういう内容かと言いますと、それまで鎌倉新仏教というのが日本の仏教の最高峰であると考えられ、それに対して旧仏教というのは時代遅れのものだというふうに考えられてきました。

しかし、そうではなく、新仏教と言われるようなものは、実は本当はそれほど大規模な中心的な運動ではなく、異端的な小さな運動にすぎなかったというのです。当時の仏教界は、全体として黒田さんが「顕密仏教」と呼ぶ、既存のいわゆる「旧仏教」の方が強かったわけです。「顕密仏教」というのは、顕教と密教を総合したもので、当時の仏教の総体です。つまり、総合的体系を持っている大寺院を中心とした仏教のことで、それが当時の仏教界の中心的な勢力を持っていたと考えたのです。

この黒田説が出ることによって、今まで中世の仏教というと、新仏教こそ研究の中心であって、旧仏教など研究したって仕方がないと考えられてきたのが、実はそうではなくて旧仏教というのが非常に大事だということが分かってきました。旧仏教と言いますか、顕密仏教と言われるものの研究がこの頃から急速に盛んになって、と言っても本格的に展開するのはだいたい一九九〇年代頃になってからのことですが、二〇〇〇年代に入ってようやく本格的な成果が表に見えるようになってまいりました。

そうなってみると、いわゆる旧仏教、顕密仏教は非常に面白いもので、中世という時代を作っていた仏教的な考え方は、従来の固定化した見方とはまったく違っていることに気づくことになります。実は従来考えられていたような新仏教的な解釈というのは、言ってみれば近代的な解釈ですね。要するに近代人に都合のよいようにかなり解釈し直されたものだったのです。しかし、その偏見を外してみると、中世というのは、近代的な発想で捉えきれないような面白い、自由な思想に満ちていたということが、次第に分かってきました。

そうなると、その方面の新しい研究はどんどん出てきますが、他方、ここ一〇年から二〇年くらい、例えば親鸞像の構築という点に関しては、それほど新しい研究は出ていなくて、だいたいそれ以前の研究を微調整するような研究しか出ませんでした。それはなぜかというと、中世の研究の中心が他に移ってしまって、親鸞研究そのものはむしろ傍流になってしまったからです。ところが、少し前からぼつぼつ新しい研究が動き出して、最近、ようやく何か新しい方向が見えるかな、というような研究が多少出てきているという感じがしています。

従来の見方ですと、親鸞は中世の旧仏教とか顕密仏教といわれるものとは全然違う、要するに近代的な仏教だと考えられていました。しかし、よく考えてみると、そんなことはありえないはずです。親鸞は中世という時代を生きた人ですから、当然その時代の中で、時代の考え方というものの枠の中で発想しているわけです。それが、突然時代離れした近代人のようなことを考えるというのは、少しおかしいはずです。もう一度そういう時代の中で、いかにその時代に真摯に生きたかという、そういう視点で見直していくことが必要ではないでしょうか。これは、親鸞だけではなくて、他の近代的とか進歩的とか言われて評価されてきた祖師たちも、近代的な読み方をもう一度反省し、読み直す必要があるのではないかということです。

二　新しい親鸞解釈へ向けて

伝記の再検討の必要

最近になって新しい親鸞研究に向かってぼつぼつ方向性が見えてきたというくらいで、まだ本当にそれが十分に広がっていく段階には至っていません。歴史の方面であれば、山形大学の松尾剛次さんの『親鸞再考』（ＮＨＫブックス、二〇一〇）や『知られざる親鸞』（平凡社新書、二〇一二）などが読みやすく、新鮮です。これらは考証的には十分でない箇所も多く、いくらでも批判すればできると思いますが、ただ今までの歴史的な親鸞研究に対して決定的な異議を打ち立てています。どう違うかと言うと、今までは本願寺系の『親鸞《しんらん》聖人《しょうにん》伝絵《でんね》』（『御伝鈔《ごでんしょう》』）を中心にして伝記を考えてきたことに対して、高田派で伝えてきた『親鸞《しんらん》聖人《しょうにん》正明伝《しょうみょうでん》』のようなものがあり、それをもう一度取り上げて解釈し直し、伝記を考え直そうとしています。

『正明伝』というのは、近世の写本しかなく、従来は歴史的な価値はないものと言われてきました。その中には、例えば親鸞の妻、いわゆる玉日《たまひ》のことなどが言われています。従来、玉日のことは伝説としてしか見られていませんでしたが、ただ頭から否定すべきものではなくて、もう一度考え直す問題もあるのではないでしょうか。これまでも、一部に『正明伝』を評価する動きはありましたが、学術的な研究として評価できるだけの批判的な研究になっていませんでした。松尾さんは、それを歴史学の立場で正面から取り上げようとしています。

その他にも、最近話題となっている問題としては、善鸞の義絶が本当にあったのかどうか、などということも再検討が必要とされています。このような伝記の方の問題は次節に回し、ここでは思想的な方面を中心に考えてみたいと思います。

『歎異抄』中心主義から、『教行信証』の読み直しへ

基本的に言えば、『歎異抄』を中心とした親鸞の思想研究解釈から、もう一度『教行信証』をきちんと解釈し直すということの方に、少しずつ方向性が動きつつあると考えられます。その点から、今村仁司さんの『親鸞と学的精神』（岩波書店、二〇一〇）が注目されます。今村さんは二〇〇七年に亡くなりましたが、本書は遺著というべきものです。また、山折哲雄さんの『『教行信証』を読む』（岩波新書、二〇一二）もあります。これまで山折さんには『教行信証』と取り組んだ本はありませんでしたが、以前から『歎異抄』に批判的で、『歎異抄』は親鸞を正しく伝えていないと言っておられました。山折さんの読み方に完全に賛成はしませんが、『教行信証』をきちんと読んでみようという方向性を示しているのは、適切だと思います。

今村さんの本のどこがいいのかと言いますと、今村さんはもともと哲学者であって、ここしばらく清沢満之の研究に集中し、そこから親鸞に入ったのです。親鸞の読み方に関してはやや問題もありますが、ただ大事なことは何かというと、『教行信証』を哲学として読むということです。

もっとも今村さんの言う「哲学」という言い方には、ややヘーゲル的な臭みがあって疑問が残りますが、問題提起としては大きいものがあります。『教行信証』は、これまでは信仰の書として読まれてきました。それでいいのではないかと言われるかもしれませんが、『教行信証』というのは、いわば親鸞が自分の説の正しさを証明しようとして書いたものですから、それは理論書ですね。そうであれば、信仰を持たない人が読んだら分からないという本ではなくて、誰が読んでも少なくとも理解できるはずのものです。なるほどと納得できる、いわば理性的と言いますか、合理的な体系として書かれているものです。だから、一方で信仰を深める本として読むこともいいですが、もう一方ではそこから離れ、理論的解明という点から普遍的に理解できるものでなければならないはずです。それが今までなされていません。

例えば、禅の『碧巌録《へきがんろく》』は参禅するための手引きとして使われてきています。それはもちろん当然ですが、それでは手引き書としてしか読めないものかというと、実はそうではなくて、それ自体非常に面白いテキストとして読めます。与えられた作品として、坐禅の体験がなくても読むことができます。今までそういう読み方をすると、何か間違った読み方であるかのように考えられてきました。「お前、信仰がないのに読むのか」とか、あるいは「坐禅をしていないのに分かるのか」とか、そういうような言い方がされて、『碧巌録』や『教行信証』をテキストとして読むことをしてきませんでした。しかし、今村さんはそれを独立した作品として、きちんと理論的に読むことができるのだということを、試みようとするのです。それは完全にうまくいっているとは思えませんが、しかし、その方向性は正しいと思います。そういう目で『教行信証』を理論的な体系として読んでいくことができるのではないか、しかも、その理論を決して近代的な哲学で勝手にゆがめるのではなく、その時代の中での課題に挑んだ思想書として読むことができるのではないかと、私は考えています。

もとに戻りますが、私はこのように、『歎異抄』中心主義をやめて、『教行信証』をもう一度読み直すという方向を考えています。お東（大谷派）の読み方は清沢満之、お西（本願寺派）の方は伝統的教学と言われますが、いずれも個人の信仰をもとにして信仰体験的な読み方をしています。そういう中でとりわけ注目されてきたのが、「信」の問題です。その他力の信という問題が、親鸞自身の体験としての三願転入によって体験的に補われています。三願転入というのは、自力の諸行（第十九願、『観無量寿経』に相当）から自力の念仏（第二十願、『阿弥陀経』に相当）を経て、他力の念仏（第十八願、『大無量寿経』に相当）に廻入するというもので、親鸞自身がそのような段階を経て他力の念仏を信ずるに至ったということが、「化身土巻」の途中に出てきます。

そういうわけで、「信巻」と「化身土巻」の三願転入というのが、『教行信証』の中核的なところに置かれて読まれています。その中で自力的なことは、徹底的に批判されるという構造を持っていたように思われます。そうすると「証巻」・「真仏土巻」が抜け落ちていくのです。「化身土巻」でも、その後半部分が無視されています。三願転入で『教行信証』は終わるかのような読み方をされています。

そういう問題がありまして、この立場を取りますと、自力主義が徹底的に批判されてしまいますので、社会的、世俗的な活動に対して、他力主義の立場では解決がつかないという問題が生じるのです。自分で一生懸命やろうと思うと、「お前のやっているのは自力主義ではないか」というふうなことになってしまう問題が生じてきます。そこで考えられたのが、真俗二諦説です。あくまで他力念仏というのは真諦であって、それが絶対な世界であるけれども、世俗的な面では世俗の国家の倫理、国家の言うとおりにしなさいということになりました。これが戦争協力を引き起こすような流れを作っていきました。

三　『教行信証』を読み直す

悪人論の読み直し

『歎異抄』の問題に関しては、ここではあまり立ち入りませんが、『歎異抄』が『教行信証』と違うということは、はっきり言えます。特に、『歎異抄』で考えている悪人の見方というのが、『教行信証』などとはまったく違います。『歎異抄』の第三章で言われている悪人は、基本的には煩悩熾盛の衆生であって、しかも賢善精進の相を現す善人とは違っているのだ、煩悩のありのままの姿が悪人であると言っています。第三章と第一三章とは密接に関わりますが、第一三章ではアングリマーラ（央掘摩羅《おうくつまら》）の千人殺しの話などを引いて、そこで考えられる悪人というのは、殺生という問題がいちばん大きく出ています。例えば魚を捕る漁師、鳥や獣を捕る猟師、田畠を耕す者とか、要するに庶民の生活というのは悪をなさずには暮らしていけないという問題が取り上げられています。もっとも武士のことが取り上げられていないのは、当時の教団の構成を考える時に興味深いところがあります。

ところが、この『歎異抄』で考えられている悪は、親鸞がその著作で根本的に考えている悪とは少し違うのです。親鸞に限らず、仏法から見たらいちばんの悪は何かというと、五逆謗法《ほうぼう》、特に謗法です。実際当時の状況を考えた場合、決して抽象的な問題ではなくて、具体的な状況がありました。それは源平の抗争の中で、平重衡《たいらのしげひら》（一一五六～一一八五）が南都を焼き討ちにして、南都の大寺院が灰燼に帰してしまう、大仏殿も焼かれるという状況が起こります。これは、まさしく仏法を滅ぼす最大の悪です。そういうことが現実に起こった時代です。

親鸞の立場から見れば、承元の法難があり、後鳥羽院（一一八〇～一二三九）が法然の教団を弾圧します。これこそ謗法の最たるもの、まさにこれ以上ない悪行になるわけです。だから『教行信証』で考えられる悪というのは謗法であって、『歎異抄』で言われているような悪は、悪の最たるものではないはずです。そうとすれば、悪の問題に関しても、『歎異抄』的な視点で親鸞を読んでいくのは間違いで、『教行信証』を中心に、視点を変えて読まなければならないということになります。このことはすでに早い時期に、古田武彦さんが主張されていましたが（『親鸞思想』、冨山房、一九七五）、無視されているようです。古田さんという方は、在野の研究者で、その説は面白いと同時に強引なところがありますが、この親鸞の解釈は注目してよいと思います。
五逆と謗法というのは、第十八願の中でも、除外されて往生できないとされていて、浄土教の中でも理論的に問題になっているところです。親鸞は「逆謗闡提《ぎゃくぼうせんだい》」という言い方をしていますが、これは五逆と謗法、それに一闡提《いっせんだい》ということです。一闡提というのは、『涅槃経』に説かれる成仏する可能性のない人です。『教行信証』の「総序」の中で「世雄《せおう》の悲、まさしく逆謗闡提を恵まんと欲す」、すなわち、まさに逆謗闡提こそ救済の課題であると言っています。五逆の問題は後で触れますが、謗法に関しては、謗法のままでは救われません。『正信偈』の中で、「凡聖・逆謗斉しく回入《えにゅう》すれば、衆水海に入りて一味なるがごとし」と言われているように、回入することが条件とされています。謗法の人が、謗法のままで救われるということはありえません。

これは理論的に考えてもそうなります。謗法というのは仏法を信じないことで、闡提というのも同じく仏法を信じない人です。仏法を信じない人が、信ずれば救われる、これは矛盾しています。この後、一遍（一二三九～一二八九）はこれを大きな課題にします。一遍は信じなくてもいいのだと言います。これはきわめてストレートです。私は坐禅が好きですが、坐禅のいいところは、坐禅を信じなくてもいいことです。ただ坐ればいい、これも分かりやすいところです。ところが、親鸞であれば、信じなければ救われないはずです。けれども、謗法者が信じるということはありえません。信じたら謗法ではないわけですから。ですから、あくまでも回心《えしん》して、信じなければ救われません。そして回心すれば、悪人ではないわけです。少なくとも最悪の逆謗ではなくなります。そういう意味で言えば、五逆謗法というのも回心し回入すれば、つまり信を起こせば、過去において謗法であっても、少なくともその時点からは謗法であることは成り立たないことになります。そういう転換が考えられます。そうすると、悪人が信を得ることで救われるということは、実はそう単純に言い切れない問題がありまして、その辺りが少し複雑なことになります。これは、「化身土巻」の後半に関わってきます。

化身土巻と後序

「化身土巻」の最後に「あとがき」のようなものがあります。これも有名なところです。

ひそかにおもんみれば、聖道の諸教は行証久しく廃《すた》れ、浄土の真宗は証道いま盛んなり。しかるに諸寺の釈門、教に昏《くら》くして真仮《しんけ》の門戸を知らず、洛都の儒林、行に迷いて邪正の道路を弁《わきま》ふることとなし。ここをもて興福寺の学徒、太上天皇〈後鳥羽の院と号す、諱尊成《そんせい》〉今上《きんじょう》〈土御門《つちみかど》の院と号す、諱為仁《ためひと》〉聖暦、承元丁卯《ひのとのう》の歳、仲春上旬の候に奏達《そうだち》す。主上臣下、法に背き義に違し、忿《いか》りを成し怨みを結ぶ。これによりて、真宗興隆太祖源空《げんくう》法師ならびに門徒数輩、罪科を考へず、猥《みだ》りがはしく死罪に坐す。あるいは僧儀を改めて姓名《しょうみょう》を賜うて遠流《おんる》に処す。予はその一なり。しかればすでに僧にあらず俗にあらず。このゆえに禿《とく》の字をもて姓とす。

これが承元の法難に関する記述で有名なところでして、非常に激烈な言い方です。「主上臣下、法に背き義に違し、忿りを成し怨みを結ぶ」と、怒りに満ちた書き方です。ですから戦争中には不敬に当たるというので、「主上」の文句を削除されました。これは政治権力の弾圧に屈することなく宗教の真実を守った文章と言われますが、どうもこれまで、この部分がきちんと読まれてこなかったのではないかと思います。つまり、この部分は『教行信証』の全体の脈絡から外れた、いわば『教行信証』の本文とは関係ないものとして、単なる「あとがき」として読まれているのではないかと思うのです。しかし、本当はそうではなく、この部分は「化身土巻」の中で前の部分から連続して読むべきものではないかと考えます。「化身土巻」のその前の部分はどうなっているかと言いますと、前半では第十九願と第二十願の自力諸行と自力念仏を挙げ、それによっては化身土にしか往生できないということを言っています。それが自分自身の体験として、三願転入としてまとめられていると理解されます。それはそれとしてよいと思いますが、それはあくまで「化身土巻」の前半なのです。その後半が従来ほとんど問題にされていません。

今村さんが後半を世俗の問題として重要なのだと言って、着目しているのは適切だと思います。ただ今村さんの解釈は少し分かりづらいところがあり、そのままではどうかと思うところがありますが、「化身土巻」の後半が重要であるということは、私もまったく同意します。後半はまず、聖道門というのは今は時期に適わないからだめだということを言います。その後、末法の時代には邪偽・異執の外教が彷徨していると、盛んに危機感を煽ります。そして、外教・邪偽の教えに惑わされてはいけない、あくまで真実の教えに随わなければならないと言って、その脈絡で後序につながっていくのです。

その前に『論語』の引用があります。「季路《きろ》問はく、鬼神に事《つか》へんか、と。子《し》のいはく、事ふることあたはず。人いづくんぞよく鬼神に事へんや、と」。つまり、鬼神のような誤った教えに随ってはいけない、ということを書いています。邪偽・外教のような誤った教えは鬼神の教えだということになります。まさに、その脈絡の中で承元の法難の話が続いています。したがって、そういう承元の法難を起こしたような人たちは、まさしく鬼神に事えることになるわけです。正しい教えでなくて、魔の説、あるいは鬼神の説に随っているのだ、というつながりで読めるのです。そういう脈絡でいくと、この承元の法難を起こした後鳥羽院などの人たちは、救われるとか言う以前の問題であって、少なくとも救いの対象にならないと見られていたのではないでしょうか。

ここでは、「猥りがはしく死罪に坐す」とか、「あるいは僧儀を改めて姓名を賜うて遠流に処す。予はその一なり。しかればすでに僧にあらず俗にあらず。このゆえに禿の字をもって姓とす」と、厳しく弾圧を非難します。その続きも少し見てみますと、「空師（源空）ならびに弟子等、諸方の辺州に坐して五年の居諸を経たりき」云々と、法然（源空）一門の方に話が転じます。その後法然が亡くなった話が出てきて、さらにその後に、「しかるに愚禿釈の鸞、建仁元年辛酉《しんゆう》の暦、雑行を棄てて本願に帰す」云々と、自分が本願に帰して、法然から『選択集』の書写を許されたということを誇らしく記します。つまり邪偽に対する正しい教えに随った、という正しい教えのあり方を、対比的に述べるという構造になっています。

この辺りが、最初の『教行信証』の原型にあったかどうかは確実には分かりませんが、少なくともこの書き方では、邪偽あるいは謗法の邪説は、正しい教えとまったく逆のもので、鬼神の説あるいは魔の説とともに、徹底的に排除されなければならないことになり、救済以前の問題です。さらに検討の余地もありますが、基本的には、このように解されるのではないかと思います。

「信巻」の問題

「信巻」は晩年になって、非常に長い『涅槃経』の引用を加えています。「信巻」は膨大に膨れあがって、他の巻より大きくなっていますが、それはこの『涅槃経』の引用、つまり阿闍世の話の引用が三分の一くらいになるほど非常に多くて、それを晩年に書き加えたことによってバランスを欠くことになったのです。なぜ晩年に阿闍世の話を長く引用したのか、ということが問題です。これはどういう話かというと、マガダ国の王子阿闍世は提婆達多と仲良くなって、父親である頻婆娑羅《びんばしゃら》王を殺して、王位を奪います。提婆達多は釈尊に背き、阿闍世は父親に背きます。ここで五逆の問題が出てきます。五逆は、父を殺す、母を殺す、阿羅漢を殺す、仏を傷つける、教団を破壊するという五つの大逆です。阿闍世は自分の父親を殺し、提婆達多は仏陀に背いて教団分裂を企てたのですから、五逆に当たります。

ここで『涅槃経』の長い引用箇所になります。阿闍世が病気になって、当時の六師と言われる六人の宗教指導者たちに教えを請うのですが、それに満足できません。耆婆《ぎば》という名医として知られたお医者さんが、ブッダのところに行きなさいと教え、それでブッダに救われ回心します。その話を長く引用しているのです。まさしく五逆・謗法の救済がここに描かれていることになります。なぜ晩年にわざわざこのようなところを長く引用するのか、まだ解決していない問題です。例えば山折さんは、後鳥羽院が問題になると言われます。しかし、晩年になって改めて長大な引用を加えるほど、新たな大問題になるというのは、少し考えにくいと思います。

私もはっきりとは分かりませんが、晩年になって親鸞がこの阿闍世の話を大きく引用したというのは、やはり善鸞の問題があったのではないか、と推測します。最近の研究では善鸞を義絶したことはどうもなかったらしいとされています。義絶はしなかったとしても、善鸞のことが非常に大きな問題だったことは事実だったと思われます。親鸞の立場から見れば、善鸞が自分の教えから外れたことで頭を悩ますことになります。そのことは、まさに我が子が謗法を犯すとともに、父親に背くという意味で、父親を殺すのにも近いことになり、広い意味で五逆の中に入るという問題に直面するのです。

しかも、頻婆娑羅と阿闍世の問題というのは、非常にやっかいです。阿闍世が父親に背いたその理由の一つは、阿闍世が生まれた時に予言者から、この子はやがて自分の父親を殺すようになるだろうという予言を受け、生まれたばかりの我が子を殺そうとしたという過去の経緯にあります。つまり、子供の阿闍世の罪が、阿闍世の罪だけでなく、実は親の罪、頻婆娑羅の罪でもあるという複雑な構造を持っているのです。親鸞の場合は、これはまったく推測でしかないのですが、晩年に善鸞問題が起こって、改めて五逆・謗法が切実な問題になってきたとしてもおかしくないだろうと考えています。

そういう中で、例えば天皇や院に対する見方も、また改めて変わってきているようです。『高僧和讃』を見ると、「承久の太上法皇は／本師源空を帰敬しき」と、後高倉院《ごたかくらいん》（一一七九～一二二三）が法然に帰依したという書き方がされています。決して単純な反権力というわけではありません。したがって親鸞の悪人論というのは『教行信証』を中心にしながらも、まだかなり読み直しが必要ではないかと思われます。

二種廻向を中心とした読み直し

まだいろいろと問題はありますが、後は少し簡単に説明します。『教行信証』を体系として読む場合、いちばん大事なのは、悪人論ではなく、その構造が二種廻向に基づいているということです。このことは本文にはっきりと書いてあるので、そこから読んでいかなければなりません。二種廻向というのは、迷いから悟りへと向う往相《おうそう》廻向と、悟りから衆生救済へと向う還相《げんそう》廻向です。そうなると、「証巻」、それから「真仏土巻」が非常に重要な意味合いを持ってきます。「証巻」は、往相から還相に転ずるかなめとなる重要な章です。それなのに、なぜ従来「証巻」が重視されず、隠されてきたのでしょうか。細かい引用は略しますが、往相廻向の結果として最終的に涅槃に至りますが、その涅槃は何かというと、それが法性とか真如とか実相という言い方がされてきます。それはさらに言えば、『唯信鈔文意《ゆいしんしょうもんい》』で、「この信心すなはち仏性なり、仏性すなはち法性《ほっしょう》なり、法性すなはち法身《ほっしん》なり」と言われるように、信心もまた、法身・仏性・法性などと一つになってきます。

信心＝仏性＝法性＝法身＝涅槃＝真如

ところが、近代的真宗の見方というのは、報身《ほうじん》中心主義です。したがって阿弥陀仏というのは自分に対する他者的な存在としての阿弥陀仏になります。これは清沢満之の場合に非常に典型的に見られます。それまでの真宗の基本的立場は、究極は真如だという、真如的な方向が中心なのです。真如的立場に立つと、阿弥陀仏も衆生も一体、世界は一つ、平等のものだということになります。そうなると、報身的な立場の場合には、非常に困ります。たぶんそういうこともあって、この「証巻」の辺りが表に出されないのでしょう。

それに対して、もう一方で、真宗外には、晩年の自然法爾説を重視する人たちがいます。その際よく取り上げられるのは、『教行信証』の中にも『往生論註』を引用して出てくる、法性法身と方便法身の区別です。あくまで究極は法性法身であって、いわゆる阿弥陀仏というのは、衆生のために姿を現した方便法身なのだという見方です。その立場を究極的に推し進めていくと、衆生に対する報身的な阿弥陀仏というのは、あくまで方便法身で究極的ではない、ということになってきます。その法性法身・方便法身の部分は、どうも近代の教学が隠そうとしてきたような意図が見られます。

しかし、法身的なところではなく、報身的な他者として弥陀を捉える近代教学の見方も、私はそれなりの必然性を持つと考えます。法性法身的なものを裏に置いて、あくまで方便法身的な仏、それが報身ですが、そちらが表面に出てくるところに、報身の働きと衆生の働きとの往還作用、相互に行ったり来たりという作用が働いてくるわけです。それが『教行信証』の救済論の基礎構造となります。それは、衆生の側が仏になり、そこから還相として戻ってくるということと同時に、仏の側から言えば、まず一方では衆生を救うという働きがあり、もう一方では衆生に対しても、自分と同じような仏になれという、衆生に対する模範を示すことになります。図示すると、次頁の図のようになるでしょう。

もともと阿弥陀仏というのは、法蔵菩薩が阿弥陀仏になったわけですが、菩薩が修行して仏になる、というのは大乗仏教の基本構造です。菩薩が仏になって人々を救うと同時に、救われていく人も自分と同じように菩薩として人々を救っていかなければなりません。その両方が同時的に働いてくるわけです。ですから往相と還相というのは衆生の側の働きと仏の側の働きというのが重層的な構造を取っているのです。

そのことからどういう問題に発展していくのかというと、自力の問題です。オートマチックに自動的に他力によってエスカレーターのように、どんどん動いていくというのではなくて、ある意志作用というか、自力的なものが加わっていかなければならないのではないでしょうか。衆生の側に仏になって救おうという意欲・意志というものが入ってこなければ、仏にお任せというだけではたぶん済まないだろうと思います。そういう意味での自力という問題が入ってきます。

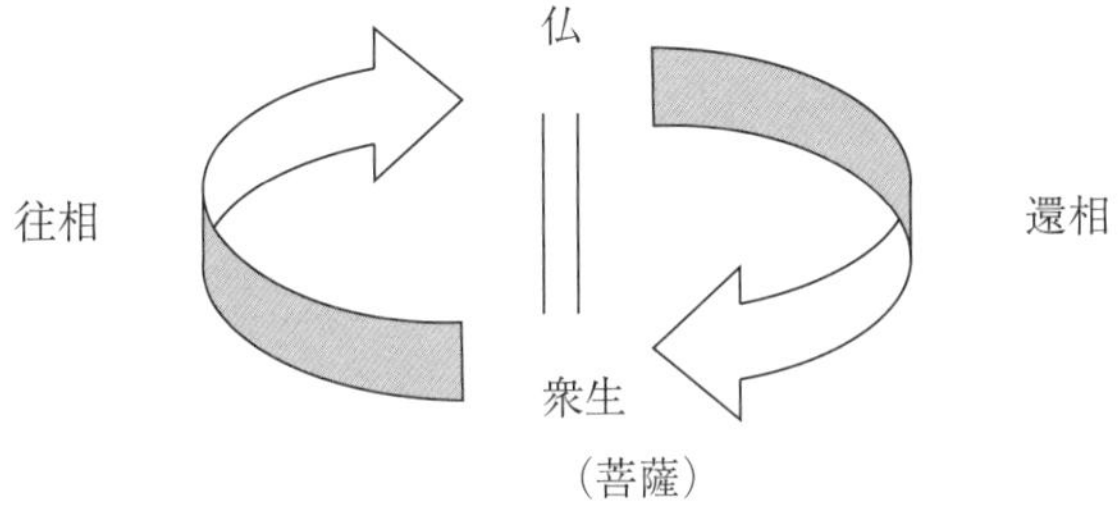

三願転入のところに、「久しく万行諸善の仮門を出でて、永く双樹林下の往生を離る」と言われていますが、ここでは「久しく」とか、「永く」というから、「もうとっくに」と言うわけです。これによると、自力諸行から念仏に帰したのはもうとっくの昔になるのです。ですから、第十九願から第二十願に入ったのはとっくの昔のことです。

ところが、「しかるに、今ことに方便の真門を出でて、選択の願海に転入せり」と言われています。第二十願から第十八願に転入するのは「今」と言っています。とっくの昔でなく、「今」なんですね。何か変でしょう。第十八願によってもう他力の念仏に入った、それは以前のはずではないかという疑問が出ます。これはどう考えればよいかというと、自力と他力というのが常に「今」として繰り返されていくということではないでしょうか。「永く」とか「久しく」とかは、過去のことで過ぎたことなのですが、「今」というのは今ここで繰り返されていかなければなりません。ですから常に「今」、自力が他力に転換していかねばならないわけです。ある時点で自力が完全に他力に転換して終わりですよというのではなくて、常に自力が他力に転換していくのです。

もう一つだけ言っておきたいことがあります。『教行信証』を読んでいった時に、この辺りを読んでも、自力の諸行の可能性というのが入ってこないようなのです。自力の念仏というのは、自力の念仏から他力へと常に転換していくという構造で、自力的努力があって初めて他力に転換が起こってくると理解できます。しかし、それでも自力の諸行というのは、どうも完全には親鸞の枠に入ってこないようなのです。それをどう考えたらよいのでしょうか。例えば、日常の生活を考えれば、それが全部念仏になっていくという面がなければなりません。日常の生活と別に念仏というのがあるとすれば、では日常の生活は何なのかということになります。食事をしてもトイレに行っても、何をしても全部が念仏の生活になるという、そういう面を考えなければならないと思うのです。いわば念仏の生活化であり、生活の念仏化です。そう考えれば、すべては他力であり、自力の諸行はその中に解消されることになります。

それを考える時に、おそらく親鸞だけでなくて、他の法然の門下の考え方も参考になるのではないかと思います。例えば西山の証空《しょうくう》（一一七七～一二四七）の場合、行門・観門・弘願《ぐがん》と立てます。行門とは自力の修行で、これが自力である限りだめだと言いますが、弘願に帰すると、それまでは否定されていた行門がすべてが念仏として生きてきます。それが観門です。つまり、諸行であっても弘願に帰すると、そのまま念仏の行として生きてくるという考え方があるのです。そういうのも、もう一度参考にされてもよいのではないかと思います。

それと関連して、還相廻向については死者の問題と関係して考えることができるのではないかと思います。還相廻向とは何かというと、浄土に行ったら、今度は仏と一体になって人々を救うということ、それが還相廻向のはたらきです。そうすると、要するに死者の問題になります。近代的な仏教解釈は、葬式仏教のような死後の問題をできるだけ隠そうとします。そこで、生きている人、そして生きている間の信心ということに焦点を合わせていきます。信心によって、現生正定聚といって、現世で悟ることが決まった境地に入ることが目指されます。そこでは死んだ人は問題になりません。死んだ人は阿弥陀仏の力で浄土に往ってしまうので、生者とは関係ないことになってしまいます。ですから、お葬式も、死者のためではなく、遺された人たちが信心を確認する場とされます。でも、本当はそうではなくて、死んだ人は今度はそこで還相廻向してくるということを考えなくてはいけないはずです。そうやって、死者は生者と新たな関係を結ぶのです。死んで終わりということはありません。死んでからの問題というのが、今まで、近代の仏教解釈でほとんど無視されていたのではないでしょうか。私はそれをもう一度考え直さなければならないと思います。

そう考えることによって、いろいろな問題を考え直しうると思います。ボランティアに行ったりするのは、真宗の教学で理論づけられないと言いましたが、本当にそうなのでしょうか。そこには、阿弥陀さまの力がはたらき、それと同時に、今まで亡くなった大勢の人たちの力が、私たちにはたらいてくるのではないでしょうか。それが還相廻向であり、他力なのではないでしょうか。ですから阿弥陀さまというけれども、死んだ人は関係ないのかというとそうではなくて、阿弥陀さまと一緒になって死んだ人たちが、その力で私たちを生かしてくれるのです。私はそれを他力だと考えるべきではないかと思います。私も死んだらまた今度はそうやってその力の一部になって、この世界に戻ってくる、そういう意味あいのものとして還相廻向を考えていかなければいけないのではないでしょうか。

そう考えれば、自力であるとか、他力であるとかという議論の必要性自体なくなってしまうでしょう。阿弥陀さまの仏の力と、そして亡くなった人たちの力を受けて、そして活動するとすれば、その活動はまさに他力の活動であって、決してそれは自力とは言えません。もっと言えば、先に述べたように、念仏というものも、南無阿弥陀仏と称えるだけが念仏ではなくて、常に他力への転換を受けて、その心で行う日常の行為全てが念仏であると言ってもいいのではないでしょうか。やや過激ですが、そういう視点から親鸞の思想を見直すことができるのではないかと考えています。

第二節　新しい親鸞像をめざして――伝記を中心に

私はもともと思想畑と言いますか、特に日本仏教の思想的な展開のようなことをやっておりますので、親鸞の思想面に関してはある程度どう読んだらいいかを論ずることができると思っています。それを前節にお話ししましたが、それに較べて歴史の方はあまり強くありませんので、今まで伝記関係のことは避けてきたところがあります。最近、伝記の問題もまた考え直さなければいけないと思っているところです。そういうわけで、本節では、まだ不十分ですが、親鸞伝再考の途中過程のお話しをしてみようかと思います。

一　親鸞の妻・玉日をめぐって

京都の南の伏見区深草に浄土真宗本願寺派の西岸寺《さいがんじ》というお寺があります。ちょうど龍谷大学の近くになります。二〇一二年六月八日に、そこで親鸞の最初の妻である玉日のお墓を発掘した、その記者会見がありまして、ちょっとしたニュースになりました。私もその記者会見に立ち会いましたので、そのことからお話してみようかと思います。

親鸞の妻というと恵信尼（一一八二〜？）ということになっています。恵信尼という名前は古くから知られていましたが、彼女が注目されるようになったのは大正時代に『恵信尼文書』が発見されまして、それで恵信尼の存在は確実であると同時に、かなり細々とした生活の様子や、あるいは親鸞の伝記上の知られていなかったことが分かってきたということで、その後、親鸞の妻というと恵信尼ということになりました。

それまではどうだったかというと、恵信尼という名前はほとんど表に出ていませんでした。親鸞の妻と言えば玉日《たまひ》という女性でした。玉日は、関白九条兼実の娘であると言い伝えられています。ところが『恵信尼文書』が出てきまして、恵信尼が親鸞の妻ということになると、玉日の名前はほとんど完全に消えてしまいました。非常に不思議なことですが、歴史学者も親鸞の妻は恵信尼一人だと言って、それまでは親鸞の妻と言えば玉日だったのが、一八〇度転回してしまいました。不思議な現象です。

なぜ玉日の存在が否定されるようになったかというと、一つは資料に名前が出てこないことがあります。特に九条兼実には『玉葉《ぎょくよう》』という日記がありますが、その中に名前が出てきません。自分の娘なのに名前が出てこないのはおかしいではないかということが言われます。それから、親鸞は日野家の出身で、下級貴族です。それが時の関白、貴族のトップであった兼実の娘と結婚するというのはおかしいではないかというのが大きな理由です。しかし、その背景には、今からお話する内容と関わってきますが、近代になって親鸞が非常に近代的な解釈をされるようになったということがあるのではないかと思われます。近代的な夫婦像というのは一夫一妻制です。鎌倉時代は当然そうではないわけで、親鸞が複数の妻を持っていても当然なのですが、近代的な布教のうえで非常に都合が悪くなってしまいました。そういうことがありまして、親鸞の妻は恵信尼一人だということが何となく決まってしまったということがあるかと思います。

　それが最近、また親鸞の妻の問題が再燃してきているというのは、一つは、従来は本願寺系の『伝絵』『御伝鈔』で、親鸞の伝記を考えていました。それに対して、違う系統の方の伝記があるではないかということです。特に高田派で伝授してきている『正明伝』という伝記がありまして、それには玉日との結婚が出てきます。そういう事情で、高田派系の伝記をもう一度見直してみようという気運が出てきました。もっとも高田派の『正明伝』というのは、実際に出てきたのは江戸時代でして、はたしてどこまで古く遡れるのか確証がないという問題があります。ただ、後でも少し触れますが、親鸞の伝記で中世に遡るものが『御伝鈔』以外にもあり、『親鸞聖人《しんらんしょうにん》御因縁《ごいんねん》』というのは『御伝鈔』よりも古い可能性もあるとも言われていますが、その中には玉日との結婚を伝えています。そういうわけで、古い資料にはっきりあるものが、実は消されてしまっている、そのことを見直そうという動きがあります。

　今回の玉日の墓の発掘の中心になったのは松尾剛次氏で、ずっと鎌倉時代の律宗の叡尊とか忍性とかを中心に研究していましたが、最近親鸞についていて、もう一度いろいろな伝記を使って、親鸞伝を考え直そうとしておられまして、今回の発掘も松尾さんが推進役となりました。もっとも、この付近は中世の住宅地で、その遺跡がだいぶ広がっていまして、やたら勝手には掘り返したりできないところですが、発掘は京都の埋蔵文化財を研究している京都市の研究所が担当しています。

その発掘の結果、いろいろな問題が新たに投げかけられることになりました。お墓自体は実は新しいものだったのです。考古学的に見て地層的に江戸時代の後期だそうです。出てきた骨壷が壊れていまして、その骨壷の破片、これはかなり復元できますが、それと一緒に骨が出てきました。その骨壷もだいたい江戸時代の終わり頃のものと見て間違いないだろうということです。おもしろいことに、それが骨壷用に作られた器ではなくて、素焼きの火消壺なのです。火消壺というのは、私などが小さい頃はまだ使っていましたが、使いかけの炭を入れてまた使うための器です。ですから、少々粗末ではないかという感じがしまして、その辺りが不思議ですが、大きさはかなり大きいものです。それが壊れていて、骨も粉々で、散乱していたものを集めて鑑定したのです。ただ鑑定というのはなかなか難しいようで、分かったのは火葬骨ということだけでした。それ以上の、例えば性別とか年齢とか、あるいは年代的にいつ頃のものかということなどは、はっきりした鑑定ができないそうです。なぜかというと、鑑定するためにはコラーゲン質が付いていなくてはならず、土葬だとそれが残っているのですが、火葬骨だとそれが全部取れてしまって、はっきりした鑑定が出せないのだそうです。そういうわけで、今の鑑定技術だと決定的なことは分からないということになり、ともかく骨が出たということは事実であるけれども、それが誰の骨であるのかということは確定できないということでした。

それで江戸の末期ならおかしいではないかということになりますが、実はそこが逆に古文書と合致するということです。それは西岸寺から広島県の真光寺《しんこうじ》というところに出された手紙で、真光寺に保存されています。真光寺は西岸寺と密接な関係にありまして、真光寺から西岸寺の住職が入ったことがあります。そのように非常に縁が深いのですが、その古文書に、玉日のお墓が老朽化して崩れてきて、そこでたまたまお参りに来た当時の九条家の人たちがそれを修復したいと申し入れ、そこで西本願寺のご門主もお出でになって、新しい墓を作ることになったが、それについては、造営のお金を集めるために寄付を募りたいという手紙が残っています。その手紙は嘉永四年（一八五一）頃のことで、嘉永五年（一八五二）に新しくお墓が作り直されたという碑もあります。古文書と実際に掘られたお墓の状態がほぼ確実に一致するということです。そのようなわけで、そのお墓は幕末に作られたものですが、それ以前にあったお墓が老朽化したために改葬したもので、もとはもっと遡ることになります。それまでどこに埋められていたかは、今のところ分かりません。お寺の境内であることは間違いないでしょうが、今のお墓からは幕末以前に遡るものが出ていないので、場所を移しているということは確実です。

そのため、後は考古学的な鑑定はできないので、実際にどこまで遡れるのかは推定になります。確実にそれが玉日の骨と言えるかどうかも確かではありません。ですから、新聞などの報道でもクエスチョンマークが付いていました。ただ可能性としては十分にありうると思います。以前から松尾さんが注目しておられるものに、この西岸寺の住職の次第を書いたものがあります。それが書かれたのはやはり幕末です。と言うのは何度も火事に遭っていまして、今あるものとしてはそれより遡るものは残っていないため、古いものは全然ありません。ですがその住職の系図というのが、歴代の住職の没年とかがはっきり書かれていて、偽造をしたものとは考えられません。書かれたのは江戸時代末期ですが、きちんと継承されて年も合っているということで、そうなるとそれはかなりきちんと守られてきているのではないかということです。その初代が「有阿弥」という方で、玉日にお仕えした人だと言われます。お寺の伝承によると、玉日は親鸞が流罪に遭った時に都に残って、都で亡くなりました。そのお墓をお守りしたのが有阿弥で、お寺の初代の住職ということになっています。

そういうわけで、いったいどこまでが真実であって、どこからが物語かというのは、これはこれから後、親鸞の伝記などを考えていくうえでも非常に大きい問題になってきますが、昔の偉い人の伝記というのは、一種の物語的なものとだいたい一緒になっていまして、どれが事実か非常に見分け難いところがあります。ですから、これが決定的な事実だということが確定し難いわけです。むしろ、そういういろいろな伝承の系譜みたいなものを考えていく方が有効だろうと思われます。そういうわけで、玉日という九条兼実の娘と結婚していたということはありうることだという方向で考えなければならなくなっているというのが、今回の発掘の結果と方向性と言えると思います。

二　近代の親鸞像

それでは、玉日が兼実の娘なのに『玉葉』にも名前が出てこないし、全然無視されているのはなぜかという問題に戻ります。私は歴史の方のことは詳しくないので分かりませんが、正妻の子どもではなくて、例えば身分の低い女性の産んだ子どもであるような場合、しかも大勢子どもがいる場合には、それほど重要視されていなかった子どもであれば、日記などに出てこなくても、十分ありうるのではないかと思います。ですから、その女性が記録に出ないということが、決定的に否定する理由にはなりえないのではないでしょうか。もしそういうことを言い出したら、例えば法然関係の記録とか、あるいは当時の貴族の日記などに親鸞の名前が全然出てこないわけで、もしきちんとした古文書に出てこないということが理由になるとすれば、それこそ親鸞の存在も怪しくなってしまいます。ですから、当時の記録にないということだけで、決定的に否定することはできず、一義的に事実を決めつけるよりは、もう少し緩く、いろいろな可能性を見ていく方がいいのではないかというのが、基本的に考えていることです。

このことは、今からお話していく内容にも関連しますが、私たちに常識化している親鸞像は、実は決して古いものではありません。江戸時代、あるいは明治の初め頃までは、親鸞はいろいろな伝説を含んだ伝記で語られていました。例えば、京都の三十三間堂の近くの法住寺というお寺に親鸞蕎麦食いの像というのがあります。親鸞が比叡山で修行中に、六角堂に百箇日参籠しましたが、夜毎山を下るのを同輩が不審に思いました。ある夜、師匠の慈円が、蕎麦を食べようと呼ぶと、範宴《はんねん》（当時の親鸞の名）も返事をしてその場にいたので、みな安心しました。ところが、夜が明けると範宴が帰ってきて、範宴が二人いることになってしまいました。調べてみると、蕎麦を食べたのは、親鸞自刻の像であった、と言うのです。

こういうふうに、いろいろ伝説的なものが一緒になって語られていました。ところが明治になって、近代化していく中で、そうした伝説は史実ではないといって否定され、近代的な親鸞像に作り変えられていくわけです。その中で、ある意味では日本仏教の花形と言いますか、近代の優等生のような存在として、新しい親鸞像が形成されてきます。一般の人でも、例えば日本の仏教の中で一人名前を挙げよと言ったらだいたい親鸞の名前が出てくるのではないかと思います。

なぜ親鸞はそれほど有名になったのでしょうか。近代になって文明開化を経て、近代的なものの見方が入ってきます。そういう中で仏教は、古臭い迷信的なものだと否定的に見られるようになってきます。仏教側としてはそれに反論して、いや仏教はそういう古臭いだけのものではない、むしろ実は近代に合うもので、キリスト教などよりよほど近代にふさわしいと主張するのです。例えば、キリスト教の天地創造は科学とは合わないではないか、あるいはキリストが神の子として生まれたことはまったく科学的におかしいではないか、仏教の方がよほど科学的で、近代科学に合うなどと言い出すわけです。

その際、仏教の近代化をリードしたのが、真宗系だったのです。それは真宗が当時勢力的に大きかったということももちろんありますが、ただそれだけではなく、真宗がいち早く近代化に対応できたということがあります。では、どういう点で近代化に対応できたのかというと、近代的な宗教は要するにヨーロッパ的なモデルが基本にありますから、キリスト教的なモデル、特にプロテスタントが典型とされます。カトリックは古臭い迷信的なものとされ、それに対する近代的な宗教としてはプロテスタント、それもかなりラディカルなかたちのプロテスタントの教学が流行していたわけです。

それで、いち早くヨーロッパに使節を派遣したのは、西本願寺の方が先で、少し遅れて東本願寺でも使節を派遣しました。最初に派遣された西本願寺派の中でも、リーダー的な存在だったのは島地黙雷という人でした。当時、明治政府は仏教を巻き込んで一種の国家による宗教統制をしようとしますが、それに対して島地黙雷は反対運動を起こして、島地の指導のもとで真宗全体が当時の明治政府の宗教政策に反対して、その結果、日本の信教の自由が確立したといわれます。これについては、次章でもう少し見てみたいと思いますが、要するに、島地黙雷が明治政府による宗教統制に対して反対したいちばん根本的な根拠は、宗教は個人の心の問題で、政治によって束縛されないということでした。

こう言うと一見明快に思われますが、実はこれは非常に近代ヨーロッパ的な観念に基づいていて、当時の日本の宗教界の実状とは必ずしも合っていませんでした。当時の仏教はどうなのかと言えば、まあ今でもほとんどそうですが、個人の宗教である前に、いわば家の問題です。お寺との縁というのは基本的にお墓を媒介として、ご先祖さまを祀る場所として関係を持ち続ける、そういう形態が続いているわけです。ところが島地の主張した宗教は、あくまで心の問題だということで、そういう仏教の持っている制度的な側面を切り捨てることになるのです。これがずっと今日に到るまで、尾を引いてくる問題になります。

こういう島地路線と言いますか、真宗路線はその後、今度は東本願寺の真宗大谷派の方で、清沢満之によって信仰的に深められることになりました。清沢教学といわれるような教学が大谷派の主流になって、戦後には清沢系の教学をもとにした「同朋会運動」といわれるような信仰運動に展開します。

それは非常に重要な意味を持つことですが、他方で日本の仏教の中に根ざして生きている葬式仏教的な側面を切り捨ててしまうという問題を生ずることになりました。つまり実態と必ずしも一致しないような、言ってみれば理想化された宗教と言いますか、そういうものが先走ってしまう結果になり、葬式仏教というと何か問答無用で悪いことのように言われてしまうことにもなってしまいました。これは私が最近よく言っていることですが、近代になって、生きている人たちだけでものを考えてしまいがちになりました。本当は亡くなった人たちはとても大事なはずなのですが、死んだ人たちが無視されてしまうような結果になってしまったわけです。

また、こうして信心中心になったために、いろいろな面で今問題が起こってきています。例えば社会参加と言いますか、東北の大震災のときには真宗の方も、積極的にボランティア活動を進められましたが、今の真宗の教学では、それを根拠づける理論がありません。ボランティア活動は自力の行為になってしまいますし、念仏以外のことだから雑行だということになってしまいます。つまり理論的に、真宗の教理によって正当化できないことになってしまうのです。これはやはりすごくおかしいことです。このことは前節に論じました。

親鸞解釈に戻りますと、このような近代的、合理的な宗教論の立場から親鸞が解釈されてきていました。そこでは、江戸時代まで行なわれていた伝説をない交ぜにした豊かな親鸞像が、きわめて瘠せ細った親鸞像に転換してしまったと言うことができます。

三　近代仏教史学再考

近代史学の親鸞研究

前節でもお話しましたが、このような近代的な親鸞像を決定づけた一つの重要な動向が『歎異抄』中心主義でした。このことは、教学研究者だけではなく、家永三郎氏などの歴史学の研究者によっても推進されました。

実は、これこそ歴史学の常識から考えておかしいことです。何よりもまず、『歎異抄』というのは親鸞自身が書いたものではありません。お弟子さんが、親鸞が亡くなって二〇年も経ってから書いたものです。当時いろいろな説が入り乱れて、それに対して、自分の主張を正当化するために、その根拠として親鸞の言葉を引っぱってくるわけで、そこに引かれた親鸞の言葉は、ある意図のために編集されたものですし、親鸞自身の語った言葉そのままかどうかということも、もう一回検討しなければならないでしょう。親鸞自身が語った言葉としても、いわば文脈から切り離されて別の文脈に置き換えられてしまっているわけです。本人の著作があれば、それをまず重視するのが歴史研究の常識でしょう。ところが、親鸞に限って、その常識を無視して、聞書きの方を重視するというおかしなことが行なわれてきました。

『歎異抄』が好まれたのは、その悪人正機説が近代人にフィットしたということがあるでしょう。それが必ずしも親鸞の説と合致しないということは、前節で論じました。そのような前提が先入観となって、歴史学の基本が疎かになってしまったと考えられます。

伝記的な面について見てみますと、先ほど言いましたように、『恵信尼文書』が大正期に発見されまして、ちょうどその頃から、親鸞の自筆本に対しても非常に細かい研究がされるようになりました。近代的な、いわゆる実証的な研究が確立していくわけです。これが戦中から戦後にも引き継がれていきます。その際、戦前の大正期ぐらいにかなり大きく展開して、戦後非常に明確に、ほとんど常識化してきた見方が、鎌倉新仏教こそが日本仏教の最高であるという鎌倉新仏教中心史観で、その中でもいちばんの代表者が親鸞だという見方です。一種の親鸞中心主義と言いますか、親鸞をモデルにした日本仏教の見方が確立してくるようになります。

先ほど言いましたように、もともと近代の出発点の島地黙雷らが近代化という点から親鸞を再解釈し、真宗を再解釈していくことに始まった見方に、もう一つ、特に戦後になって、進歩主義と言いますか、そういう動向が結び付くことになってきます。親鸞は、実は戦争中には過激な国家主義者によってもてはやされます。最近ようやくその辺りが再発見されるようになってきていますが、それが大きく転換して、戦後最初に親鸞を再評価し始めるのは、実は服部之総《はっとりしそう》（一九〇一〜一九五六）らのマルクス主義者です。そういう人たちによって発見された、いわば民衆的な親鸞とでも言いますか、それが次第に受け入れられて常識化してきます。こうして、親鸞というのは非常に民衆的で、それで政権によって弾圧されて、それに屈せず、未開の関東に行って、そこで民衆と一緒になって教えを説いたという、そういう親鸞像ができあがってきます。これが戦後確立された闘う親鸞像です。そこでは貴族の九条兼実の娘との結婚のことなど、都合が悪いから完全に消されてしまいます。

関東の方で親鸞の研究をされている今井雅晴さんが言われていますが、関東が未開なんてとんでもないことで、実はそうではなくて、当時の関東はもうかなり開けていて、もちろん鎌倉幕府もあるわけです。ですから、何か都を離れて未開の土地に民衆とともに生きるというような、そのイメージはやはりそもそもおかしいと言われるのです。私もおそらくそうだろうと思います。しかし、そういうイメージが定着して、真宗のお寺に行くと旅姿の親鸞、非常に颯爽と力強く未開の土地へ向かって出発する親鸞像が必ず立っています。

鎌倉新仏教中心論に見る二項対立

こういうわけで、親鸞は反体制的であり、民衆主義だという考え方が確立してきます。親鸞こそ実は鎌倉の新仏教の典型とされます。それで、それに対して旧仏教というのは、これは非常に貴族的であって、悪いやつらだと見なされます。新仏教が民衆と一緒になって新しい仏教を作ろうとするのに対して、それを貴族的な立場から押しとどめようとするけしからん連中だという、そういう一種の善悪主義ができあがります。親鸞を中心とする新仏教は善い、それに対して旧仏教は悪いという、非常に白黒はっきりさせた二項対立論が形成されてきます。本当に、見事なまでに完全に対立概念が両方に振り分けられるのです。それを以下に表で示しましょう。

新仏教	一向専修	密教否定	神祇不拝	民衆的	反権力的	近代的	合理的	進歩的
旧仏教	兼学兼修	密教的	神仏習合	貴族的	権力癒着	前近代的	非合理的	保守的

一昔前の仏教史の本をご覧になると、見事にこの図式が当てはまることがお分かりになるでしょう。新仏教は一向専修であるのに対して、旧仏教は兼学兼修だ、新仏教は密教否定であるのに

対して、旧仏教は迷信的な密教に寄りかかっている、新仏教は毅然と神祇不拝の立場を取るのに対して、旧仏教の方は怪しげな神仏習合をやっている、新仏教は民衆的であるのに、旧仏教は貴族的だ、新仏教は権力に抵抗するのに対して、旧仏教は権力にすり寄って、癒着しているではないか、というわけです。こうして、新仏教は近代的なのに対して、旧仏教は前近代的な古臭いものであり、新仏教は合理的であるのに対して、旧仏教は非合理的だ、つまるところ、新仏教は進歩的であるのに対して、旧仏教は保守反動的だということになります。新仏教は善いことずくめで、旧仏教は悪いことずくめです。新仏教の中でも、他の祖師は旧仏教的な要素を残しているのに対して、親鸞はいいところすべてを備えたスーパーマンのような扱いになります。

どう考えてもこのような単純な二元化が成り立つわけがないのですが、それが長い間ずっと支配的でした。それが反省されるようになってくるのは、一九七五年に黒田俊雄さんが「顕密体制論」ということを言い出す頃からで、今までの進歩主義、あるいはマルクス主義に対する疑いが大きくなってくる頃です。そういう中で今までの見方が偏っていたのではないかということで、もう一度中世の仏教を見直そうという動向が出てきます。これについては、前節でお話ししましたので、ここでは略します。

中世仏教の実態

私は、今までのような二項対立論、つまり「新仏教」対「旧仏教」というふうにお互いが完全に対立するような見方は、まったくのフィクションだと思います。それでは、当時の仏教界をどのように見たらよいのでしょうか。私は、中心と周縁という関係で見ていくのがよいのではないかと考えています。当時の仏教界のいちばん中心には古い伝統のある顕密のお寺があります。そこで授戒を行い、また学問を教授し、行法を指導していました。仏教界に入った若い僧は、比叡山とか、東大寺とか、そういうところで戒を受け、勉強するのです。そういう伝統あるお寺を中核としながらも、中世になると、次第にいろいろなところへ広がって、わりと自由な活動をする坊さんたちが大勢現われてきます。このように中核というのがありながら、その中核の周縁に新しい活動が生れてくるようになります。もともとは近畿地方がいちばん中心でしたが、各地方にも新しい拠点ができてきます。

最近少し調べて分かったのが、例えば当時、北九州辺りの仏教は非常に進んでいました。学問も実践も先進的です。もちろん鎌倉にも新しい拠点ができます。そういうかたちで、今までの中心に対して周縁的なところにいろいろな新しい動きが出てきます。それがだいたい院政期末から鎌倉時代へかけての動向です。

もう一つ重要なことは、いまは宗派というのがはっきり分かれています。それらの宗派では、鎌倉時代の祖師を宗祖として立てます。そこで、中世にもう今の宗派ができあがっていたかのような錯覚に陥りがちです。しかし、これは完全に間違っています。このように宗派が制度的に分かれるのは江戸時代になってからのことです。もっとも中世後期、とりわけ戦国時代頃になると、だいぶそういう宗派的な対立がはっきりしてきます。歴史学者の網野善彦さんなどが盛んに言われることですが、南北朝期頃を境に日本は大きく変わり、現代につながる要素が大きくなります。仏教に関しても、南北朝期を過ぎた頃、室町期になっていくと、宗論と言われるように、宗派がお互いに論争したりして、互いに対立を強めていきます。

それまでの鎌倉時代頃はかなり流動的で、今でいう宗派というのはほとんど固定していません。ですから、法然の門下でも、完全に入りこんでしまう人もいるし、例えば既成の教団に属しながら、同時に法然の門下に出入りするというような、そういう人たちもいました。このようにかなり流動性を持ったものとして、法然の教団も考えていかないといけません。固定化した教団として考えてしまうと少し違うだろうと思います。

四　親鸞伝の再構築

親鸞伝の見方

そういう状況の中で、実は親鸞研究というのは、皮肉なことに今度はいちばん遅れてしまいました。近代的な研究のいわば最先端を走っていたために、逆に今度は状況が変わって、どうも近代的な見方では中世の仏教は分からない、もう一度それを見直そうとなった時に、今言いましたように、今まで否定されてきた密教とか、それからいわゆる旧仏教の見直しが進んできているために、今までいちばん新しいと考えられていた親鸞の研究の方が今度は遅れてしまって、行き詰ってきた状況があります。それが本当にごく最近少しずつ新しい動きが出てきているというところです。

思想解釈の面でもそうですし、伝記についてもそうです。前節にも触れましたように、高田派で伝えられている『正明伝』のような伝記を見直そうという動きが出てきました。ところが、最初にそう言い出した方たちが、今度は今までの本願寺系の『御伝鈔』（『伝絵』）は、本願寺の立場が入っているから完全に間違いで、『正明伝』が全て正しいというようなことを言い出したりして、そのためにかえって話がおかしくなってしまうというようなことがあって、それぞれの伝記をきちんと評価して考え直していくという作業は、実は本当にまだ糸口、ようやく始まったばかりという段階です。先ほどの玉日のお墓の問題なども、そういう新しい見方をこれから考えていくきっかけになるのではないかと、私は思っています。

玉日の問題を考えていくと、それと関連して伝記の見直しが必要になります。今までの伝記で分かりづらいのは、『御伝鈔』を中心とした場合には、若い頃のことがはっきりしないことです。有名な六角堂の夢告、つまり六角堂にお籠りして聖徳太子のお告げを受けますが、いったいそれがどういう意味を持つのかということも、分かっているようで実は分かっていません。

あるいはまた、これも今まで無視されていましたが、晩年の問題です。親鸞は京都に戻って、二〇年以上も生活しますが、晩年京都でどういう生活をしていたのか、実はよく分かっていません。住んでいたのは五条西洞院《にしのとういん》と言いますが、昔の五条は今の松原通で、今もそこに真宗大谷派の光圓寺《こうえんじ》があります。そこが親鸞の住んでいた場所と言われますが、いったいなぜそこに住んだのか、そこにも九条家との関係が考えられるようですが、それも十分に検討されていません。その後亡くなったのが親鸞の弟のところだと言いますが、弟が叡山系のお坊さんだったことは間違いないにしてもどういう関係なのか、親鸞の信仰とどう結び付くのか、というようなことはやはり分かっていません。

そういうふうにいろいろな問題があります。例えば善鸞の義絶問題にしても、はたして本当に義絶したのかということが、最近問題にされています。実際、北陸には、善鸞の系統を引くと言われる山元派《やまもとは》などの系統も真宗の中にあります。本願寺系統にしても、実は善鸞を否定しながら、その善鸞の子どもである如信《にょしん》（一二三九～一三〇〇）は非常に重要視しているわけです。そういうふうに、いろいろな問題をもう一度すべて洗い直さなければならないというのが現状です。

ところで、近代的な歴史学というのは、事実は唯一つしかなく、十分な証拠が集まれば必ず決定できるということを前提にしています。それが近代的な実証史学といわれてきた所以です。ですから、こちらが本当ならばあちらは嘘というように、白黒がはっきりつくものと考えられてきました。しかし、今日起こっているいろいろな事件を考えても分かりますが、それほどはっきりと白黒つけられるのかどうかは疑問です。例えば、裁判で再審の問題になるような事例を考えてもよいでしょう。同時代のことでもそうなのですから、ましてはるか昔のことであれば、事実が確実に分かるという方が無理でしょう。芥川龍之介（一八九二～一九二七）の『藪の中』という小説にあるように、見る立場が違えばいろいろな見方ができて、事実は決して簡単に一つには確定しないのです。

特に宗教的な人の伝記ははじめから客観的な伝記として書かれているわけではありません。伝記はバイオグラフィー（biography）と言いますが、それに対して、ハギオグラフィー（hagiography）という言葉があります。これは、日本語のいい翻訳がないので、聖者伝とか、聖人伝とか訳されますが、要するに宗教的な人たちの伝記は、はじめから宗教的な意味あいが込められて書かれているということです。つまり人間として描こうとするのではなくて、はじめから宗教性、神秘性を持った超人間的な存在として描いているのです。ですから、今日から見れば、伝記と伝説が初めから一つになっています。

例えば『恵信尼文書』でも、親鸞を観音の化身であるとはっきり言っています。そういう夢を見るのです。親鸞の身近な人でもそういう見方をしますし、親鸞自身が法然は勢至菩薩の化身だということを信じていたわけです。中世の人はそういう見方でものを見ているわけですから、それを近代的な伝記とは、一緒にできない面があるわけです。ですから先ほど言いましたように、伝記を唯一的なものとして確定的に捉えるよりは、そういうふくらみを持ったものとして、いろいろな可能性を認めて考えていかなくてはなりません。

そういうところから最近、例えば親鸞の伝記がどうなのかというよりも、むしろ親鸞がどう語られたのかというようような研究がなされるようになってきて、これは非常に重要なことであろうと思います。この面では、塩谷菊美さんの『語られた親鸞』（法蔵館、二〇一一）が先駆的な研究です。そういう点から、伝記をもう一度見直そうということが、ようやく少しずつ動き出してきているところです。

夢をめぐって

そういうわけで、思想的な問題の再検討も必要ですが、もう一方で伝記の見直しも重要です。近代の伝記解釈は、非常に実証主義的と言いますが、そういう人たちが書いた伝記を見てみると、実は、例えば『御伝鈔』などでも自分の都合のいいところだけ使っています。そうでないところは、後の人が作った作り話で、事実ではないというふうに、完全に選り分けてしまっています。しかし、こちらは本当に事実で、あちらは後から付け足したという具合に言えないこともあると思います。

親鸞の師匠の法然についても、その伝記の中に非常に合理的なところと、先ほど言ったハギオグラフィーと言われるような宗教的な部分とが混在しています。例えば、法然は夢で善導と対面したと言います。そしてそれが法然に念仏を確信させることになるわけですが、そんな都合のいい夢を見るはずがないと、近代的な解釈では否定します。しかし、中世には、夢はとても大事な意味を持っていました。

我々は、夢というのは、要するに現実のいわば裏側でしかなく、現実に満たされない欲望が屈折して表現されるのだ、などと言いますが、中世の人たちには夢の方が大事なのです。夢によって神仏の意向が示されたと考えます。だからむしろ現実よりも夢の方が真実なのです。そうであれば、そういう夢に見たこと、あるいは夢の中で教えを受けたことは、ものすごく大事なことであって、それを無視しては中世の人たちのものの考え方や生き方は考えられません。

夢で有名な人に明恵上人がいますが、明恵の場合は、克明に夢を記録しています。それは別に興味本位で記録しているのではなくて、夢の中に仏が出てきて、教えてくれるわけです。ですから、見た夢を一種の夢解釈によって適切に理解することで、仏に従った生き方ができることになります。そういう意味で、夢を記録していくということは大事になるわけです。そういう中世の人たちのものの考え方に戻って考えないと、近代的な合理的な考え方だけでは理解が成り立たないのです。だからこそ、親鸞の場合も六角堂で見た夢告がものすごく重要な意味を持っているわけです。

『御伝鈔』という伝記

『御伝鈔』は、今普通では二巻にして、上巻八段、下巻七段に分けていますが、その中で通常の伝記の中に使われている部分と、使われていない部分があります。例えば最初に、誕生から出家して比叡山で修行するという一段目があって、それから二段目で法然のもとに弟子入りするわけです。その次の三段目がここで問題になる六角堂の夢告です。これも実は非常に問題があって、はたして六角堂で夢を見て法然のところに弟子入りしたのか、それとも法然のところに弟子入りをしてから夢を見たのかということで、伝記の書き方がずいぶん違ってくるのです。『恵信尼文書』だと、六角堂で夢を見て、それがもとになって法然のところに弟子入りしたとありますが、『御伝鈔』では順序が逆になっていまして、法然に弟子入りしてから、六角堂で夢を見ることになっています。これをどのように解釈すればいいのかということは、かなり大きい重要な問題になってきます。先ほど言った結婚の問題とも当然関わってきます。

その後、第四段では、蓮位という人が夢を見たというのですが、夢の中で聖徳太子が親鸞を礼拝していたという、そういう夢を見たとあります。それは種明かしをすると、親鸞は観音の化身である聖徳太子よりも偉いので、阿弥陀さまの化身だという、そういうことが明らかにされるわけです。

近代になって書かれてきた伝記では、こういう部分は消されるわけです。そういうところは後になっていわば捏造したものであって、嘘の話だということで消されてしまいます。でも、そのように勝手にあっちを取って、こっちを消してということをしていいのだろうかということが問題になります。後の方を見ていくと、そういうことがさらにはっきりしてきます。例えば第五段では、『撰択集』を法然から付嘱されます。その後の第六段、第七段というのは厄介なところです。第六段は当時の法然の門下が信と行とで争っていたというので、信の座、行の座に分かれて坐ったときに、親鸞はもちろん信の座に坐るわけですが、法然もそちらを認めたという、そういう教義論争の問題で、これは第七段にも関連します。第七段では、法然の信心も親鸞の信心も実は一つのものだということが記されていて、この辺りは伝記を書く人によって、本当なのかフィクションなのかということが問題にされるところです。これもそれ自体が事実であるかどうかということよりも、少なくともそういう伝記が書かれる時点で、こういうことが教団で非常に大きな問題になっていたという観点から理解すべきでしょう。

その次の第八段になると、お弟子さんが親鸞の像を描いた時に、それが善光寺のご本尊とそっくりであったという話です。善光寺のご本尊は善光寺如来という阿弥陀三尊です。ということは、親鸞と阿弥陀仏は一体化するわけです。初期の親鸞の教団は善光寺の信仰と深く関係しています。仏光寺派などでは、後々までも善光寺信仰と強く結び付いています。そういうふうに、親鸞の初期の教団にはいろいろな要素が入ってきています。

下巻に入ると、例えば最初のところは越後に流されたところです。それから今度は常陸に行く、東国に行くわけです。この時もいろいろな伝承があって、本願寺系の伝承だと、越後から直接関東に行くとしていますが、例えば仏光寺派系などの伝承ですと、一度都に戻ります。戻った時に作られたのが仏光寺だというのです。その後で関東に行ったと、そういうワンクッションが置かれています。それによって、本願寺系と仏光寺系などが明らかに対立していた構図が見えてきます。

その後の、山伏を救済するという話、これは有名ですが、第四段、第五段辺りは、神さまが実は親鸞の教えを認めたという、そういう話です。第四段は箱根権現が親鸞を拝んだという話ですし、第五段ですと、弟子の平太郎が熊野に参詣する時に不浄の身でかまわないかと言うので、念仏行者は不浄の身でもかまわないということで、熊野に参詣したと言います。

この辺りが近代の伝記でやはり消されているところです。特に親鸞は神祇不拝というところが高く評価されることになりますが、実はそうではありません。親鸞のものを読んでも、日本の神の信仰を否定しているわけではなく、完全に受け入れています。ただ、受け入れているけれども、阿弥陀仏がトップであるから、阿弥陀仏を信じていれば、他の神さまも皆それに従うということです。同じようなことを日蓮も言っています。『法華経』を信じていれば他の神は皆それに従うというのです。このような考え方は、神仏習合に基づいた、日本の神に対する定型的な見方です。ところが、それを近代、特に戦後の親鸞解釈などでは、親鸞がそういう神の信仰と無関係、神社と無関係であるかのような捉え方に持っていってしまっているのです。

そういうところが、伝記の中で消されてしまうところです。ちなみに平太郎という、後に真仏《しんぶつ》(一一九五~一二六一)という名前になる人物がいますが、この辺りも高田派とか仏光寺派とどう関わっていくのか、微妙なところがあるようです。親鸞の初期の説話伝承の中では平太郎という人物は大事です。特に仏光寺派系の伝承の中で、この人は大事な位置を占めています。この真仏と言われる平太郎は、高田派の二代目の真仏と同じともされ、それと別だとも言われます。もう少しその辺りも検討を要する問題です。

そういう具合で、『御伝鈔』一つ取っても、その中から近代の伝記の中でクローズアップされて利用される部分と、後で付け加えたものだとかナンセンスだとか言われて否定されてしまう部分があります。それをトータルなものとして見直していかないと、親鸞が中世という場の中でどのような見方をされていたのかということが、分かってこないのではないかと思います。

『御伝鈔』自体が、ある意図を持って書かれたということはもちろん事実であって、それは大谷廟堂を護っている自分たちが、実は正統の流れを受けているという本願寺系の伝授の正しさを明らかにするという目的が根本にあります。それと同時に、親鸞を神秘化して、あるいは当時の信仰からすれば神秘化とは言えないのかとも思いますが、親鸞が阿弥陀仏の化身であるということを示そうとします。これは『恵信尼文書』などに見られる親鸞は観音の化身であるというのを、もう一歩進めた信仰です。そういう一種の親鸞信仰がそこに示されていると言えます。

さらにまた、当時の親鸞の門人や後継者たちが、決して近代的に考えられるような純粋信仰ではなくて、もっといろいろな要素、例えば、神祇の信仰もあるし、それから善光寺信仰があり、あるいは聖徳太子信仰があるというような、そういういろいろな要素を持っていました。そういう複合的な信仰から考えなければいけないのではないかということも指摘されます。従来、そのような複合的信仰は、親鸞の純粋信仰からの堕落だと見られてきましたが、親鸞をそれほど純粋視するのが適切であるかどうかも、さらに検討を要します。

「女犯偈」をめぐって

こういうふうに、『御伝鈔』の見直しということも重要です。もう一つ注目されるのは、最初の方に少し申しましたが、同じくらい古いとされている、あるいは『御伝鈔』よりもっと古い可能性もあると言われている『親鸞聖人御因縁』というのがあります。これが非常に重要な伝記であるにも関わらず、従来ほとんど無視されてしまっています。その中には玉日との結婚の話も出てきます。そういう中世の資料をもう一度見直していくと、いろいろな問題にも新しい光を当てられるだろうと思われます。その中で、六角堂の夢告はやはり非常に重要なものであって、これも先ほど触れたように、いったい法然への入門の前なのか、それとも後なのか、もし後だとすればその夢告というのはどういう意味を持つのか、などという問題があります。

そもそも、その夢告が何であったのかということ自体が問題とされています。『御伝鈔』を含めて多くの史料が、その時に受けた夢告は有名な「女犯偈」だとします。

行者宿報にたとえ女犯すとも、我玉女《ぎょくにょ》となりて身犯されん。一生の間能く荘厳《しょうごん》し、臨終に引導して極楽に生ぜしめん。

というもので、これが「女犯偈」といわれるものです。ところが『御伝鈔』だと、この夢が何を意味するのかというと、親鸞の念仏が非常に広まっていく、特に東国に広がっていくことを予言したものだという扱いになっています。でも、どう読んでも、これが念仏が広がるという予言には取れません。やはり女犯を認めるという、そういうふうにしか取れないはずです。そうとしたら、すでに『御伝鈔』では、もともとの事実、まあ事実と言ってしまっていいのかどうか分かりませんが、少なくともその頃に別のルートで伝えられてきたこの偈を、解釈し直しているのだろうと考えられます。やはりこれはもともと何らかのかたちで親鸞の結婚と関係していると見る方が、素直ではないかと、私は思います。「玉女」と「玉日」の名前も関係しそうです。この辺りの問題については、他にも親鸞の夢を記した『三夢記《さんむき》』という記録もありまして、その真偽も問題にされていますが、そういうものとの関係の中で見ていかなければならないだろうと思われます。

ちなみに、「玉女」という言葉はもともと『覚禅抄《かくぜんしょう》』という密教の書物に出ており、親鸞の師とされる慈円もまた、国王の妃を「玉女」と呼んで、夫婦の交わりから跡継ぎが生まれることを重視しています。院政期には、人間の身体への関心が強くなり、とりわけそれは密教において発展します。そこから、男女の交わりが注目され、さらにその結果として胎児が母胎の中で成育していくことが胎内五位説として論じられていきます。このような動向は、従来、立川流と呼ばれて異端視されてきましたが、最近の研究では、決して異端的とは言えず、むしろ密教の中でかなり広く見られたことが分かってきています。親鸞の「女犯偈」や妻帯も、このような流れの中で考えなければなりません。近代の研究では、性的な問題を忌避する傾向がありました。そのために見えなくなってしまった問題を、これから掘り起こしていくことも大切なことです。

以上、非常に大雑把なお話ですが、今の通説と言いますか、そういうものに対して、これからもう少し親鸞の伝記や、そしてまた思想に関しても、いろいろ見直していかなければならないところがあるのではないかということで、いささか大胆なことを言わせていただきました。はなはだ粗雑な内容ですが、一つの問題提起として受け止めていただければ幸いです。

第七章　清沢満之における宗教と倫理

本当は、中世後期から近世へかけての浄土教の展開をきちんと追わなければならず、また、民俗化した念仏の意味も考えてみなければなりません。また、阿弥陀信仰と対抗する弥勒信仰も重要ですが、今は立ち入る余裕がありません。最終章では、一気に跳んで、近代における浄土教の問題を、浄土真宗の場合を中心にして考えてみたいと思います。

すでに何度も出てきましたように、近代になって大きく仏教の見方が転換します。その中で、浄土真宗が仏教界の主流に踊り出て、仏教の近代化をリードしていきます。そこに大きく二つの段階が考えられます。まず、明治初期に島地黙雷が中心となって、近代的な宗教観を打ち立てる段階があります。その後、明治三〇年代になって、清沢満之が中心となって、近代思想として批判に耐えうるいわば宗教哲学として、浄土信仰を作り変えていきます。しかし、宗教として純化することは、他方で倫理とどのように関わるかという問題を生じます。このような問題は、そのまま現代に持ち越されているところがあります。ここでは、明治初期の状況を簡単にまとめたうえで、清沢満之に焦点を当て、特に宗教と倫理という問題を改めて考えてみたいと思います。

ちなみに最近、明治初期の宗教の問題に関する研究は大きく進展しています。清沢満之については、山本伸裕氏の画期的な研究があります（『「精神主義」は誰の思想か』、法藏館、二〇一一）。氏によると、『精神界』に発表され、清沢の文章と思われてきたものは、実は暁烏敏などの門下の手が多く入っており、そのまま清沢の思想として扱うのは危険だと言います。氏はそのことを実証的に詳細に論証しています。これは重要な指摘で、今後の清沢研究は、氏の研究を踏まえなければ進展しません。ただ、本章は、だいぶ以前にお話したことがもとになっているので、十分に氏の研究を踏まえるに至っていません。それゆえ、清沢個人というよりは、やや緩く、清沢グループの問題として捉えていただければ幸いです。

一　明治初期における国家と宗教

まず、清沢を思想史の中において考えるために、明治初期の仏教界の動向を見ておく必要があります。とりわけ、島地黙雷によって信教の自由が確立されたという点は重要です。明治の初めは、いわゆる復古神道の流れが、尊皇攘夷運動の中心となったこともあり、祭政一致体制によって「神祇官」が復興されます（一八六八年）。こうして神道中心の国家体制が築かれ（一八六八年）、民間においても廃仏毀釈の運動が起こりました。

しかし、そうした神道中心の仏教排除の国家政策は、すぐに行き詰まりを見せることになります。それは大昔の律令体制に戻ることを意味しますが、一つには、時代の状況にうまく対応できないということがありました。もう一つには、仏教を排除するといっても、実際には仏教の勢力が非常に大きかったので、それを無視することができなかったという事情もあります。そうしたこともあって、やはり仏教を取り込もうということから、「教部省」が設置され（一八七二年）、大教院を中心とした新たな「神仏習合」と言いますか、神仏両方をひとまとめにした新しい国家宗教を創り、それによって国民を教化しようという政策に転換していくことになります。

それとほぼ時を同じくして、僧侶の肉食妻帯が許可されることになります（太政官布告、一八七二年）。それによって、僧侶の世俗化が政治的なレベルでなされることになりました。江戸時代にすでに浄土真宗では僧侶の妻帯が認められていましたが、それを仏教の全宗派に及ぼすことになったわけで、日本仏教の全体が、いわば浄土真宗化していったと言えます。超世俗的・出世間的な特殊な存在から、世俗内の職業となることで、僧侶の果たす役割が大きく変わっていかざるをえなくなりました。そうした状況の中で、仏教はいったいどのように対応していくのかという課題が課せられることになるわけです。

こうして教部省が設置され、新たな神仏習合体制とでもいうべきものが作られましたが、蓋を開けてみれば、仏教が神道的な国家政策の中に取り込まれるというかたちであることが明らかになってきました。そうした事態に対して、中心的に批判を展開していったのが、浄土真宗の島地黙雷でした。

ヨーロッパの宗教を視察中だった島地は、その先進的な宗教政策を学んでいたこともあって、国家政策の中に絡めとられてしまうのは、本来の宗教のあり方ではなく、ヨーロッパのようにきちんと政教分離を行ったうえで、信教の自由を確立するのでなければならない、と主張しました。そこから、浄土真宗の各派を連合させて、教部省から分離させるという活動が行われたのです。その結果、実際に浄土真宗は大教院から離脱することになりました。浄土真宗の抜けてしまった大教院は、ほとんど意味をなしませんので、大教院そのものも解散することになります（一八七五年）。それが日本における信教の自由の確立として言われていることです。この時代の問題を考えてみますと、信教の自由が確立されたということは、大変すばらしいことです。しかし反面、信教の自由が限定され、そのことでかえって宗教の問題が限定されてしまうことになったという側面があります。

それはどういうことかと言いますと、二つの問題点があると思われます。第一に、宗教の問題を個人の心の問題と解釈することによって、信教の自由が初めて成り立つとされます。つまり、個人が何を信ずるかは、これはまったく個人の自由であって、国家も干渉できないということが大原則になります。近代的な宗教というのは、そこから出発すると言ってもいいのです。実際、清沢満之はその活動を「精神主義」として展開していきますが、まさに心の問題としての宗教というあり方を深めていく方向に展開していきます。その意味で、島地によってなされた信教の自由の確立は、そのままストレートに清沢の問題に関係してくると考えられます。

しかし、そのことによって、一つ大きな問題が切り捨てられてしまうというか、忘れ去られてしまうということもあります。すでに本書で何度か触れたように、もともと仏教は、特に江戸時代には一種の江戸幕府の国家宗教でもありました。また同時に、単に政治的に強制されたものではなくて、民衆の中に非常に深く根ざしていたとも言えます。それは単純に個人の信仰の問題に帰せられるというよりは、むしろ家や地域の問題でもあったということです。このことは、明治以降も、根底において仏教の基盤をなしていました。亡くなった人の葬式を行い、お墓を管理したり、法要を行ったりする、いわゆる「葬式仏教」が、明治以降、今日に至るまで、日本の仏教のいちばんのベースとなりました。

ところが島地のように、宗教を心の問題として考えていくと、仏教を支えているそうした底辺的な部分を切り捨ててしまう、あるいは隠蔽してしまうことになります。そうした部分を切り捨てた上澄みのレベルで、近代的な宗教として確立されていくということになり、矛盾が生じてきてしまいます。

それから、第二の問題点は、「政教論」ということです。政治の力が立ち入ることのできない宗教というものを確立したことの意味、これは非常に大きなことです。しかし、その裏側では、ある種の政治との妥協がなされていくことになります。その最大の問題は、神道の扱い方です。

今日、国家神道のイデオロギーを形成した人物の一人として、島地黙雷の名前が挙がることが普通になってきています。これは一見奇妙に見えますが、実際、島地は、神道は非宗教であるという立場を明白にしています。彼は当時のヨーロッパの宗教進化論の立場を取っていますので、その立場からすれば神道という宗教は、八百万の神々を崇拝する宗教であって、これは非常に原始的なものです。ところが、神道がまったくだめなのかというと、島地は、実は別のかたちで神道をすくい上げています。神道は宗教ではなく、国家の機軸をなす皇室の祖先を祀るものであって、そういう祖先に対する敬意を表すものなのだと言うのです。

ですから、それは宗教レベルの問題ではなくて、政治レベルの問題であるとして、神道を宗教から切り離してしまうことになりました。そして、自分たちの関わるべき宗教と別次元の問題として、それを認める、そういう方法を取ったのです。したがって、一方で、仏教を個人宗教として確立させたことによって、いわば民俗レベルの、現実に定着していた葬式仏教や檀家制度の問題が無視されるとともに、他方で、神道をめぐる問題が宗教の問題から引き離されて、政治レベルの問題へと追いやられていきました。そのことによって、仏教は神道の問題について口出しができない状況を作り、そのまま黙認するということになってしまったのです。

こうして、いわば二重の隠蔽と言いますか、問題を切り離すことでその問題を見えなくしてしまいました。しかし実際には、民俗的な宗教と個人宗教とは相互補完関係にあります。そうした民俗的な葬式仏教という基盤がなければ、本来、個人宗教というものも成り立ちません。また、その一方で神道を宗教にあらざるものとして切り離すことで、仏教と神道との関係が、新たなかたちで組み合わされ、作り直されていきます。そこにも、単に隠蔽構造だけでなくて、むしろ補完体制というものが成り立っていきます。もちろん神道の側も、表面的に、いわば建前のうえからは、「神道は宗教ではない」と言うものの、宗教性を持たない神道は実際にはありえませんから、神道自体の中にも、一種の自己欺瞞を伴った重層構造が作られます。このような構造は、神仏習合に対して、神仏が別々にされながら、実質的には補い合っていることから、私は「神仏補完」と呼んでいます。これが近代日本の特徴的な宗教構造です。

当時、いちばん異端とされていたのはキリスト教ですから、ある意味では、そうした構造はキリスト教を排除するために非常にがっちりと組み上げられました。そして、キリスト教についで、さまざまなかたちで出てきた新宗教、これらもまた異端視されることになります。そういう中で、正統的な宗教として、仏教と神道とががっちり組み合う構造ができ上がってくるのです。

このような中で清沢が果たした役割は、表舞台で、まさに脚光を浴びてくることになった個人宗教としての仏教というあり方をとことん突き詰めていくことで、仏教の近代化を先端的に推し進めていくことに貢献したというところにあるのではないか、と考えられます。

二　清沢満之とその時代

そこで、清沢満之の話に移りますが、簡単に時代的な背景を見ておきたいと思います。「大日本帝国憲法」が発布されたのが一八八九年で、この時点で先ほど申しました信教の自由が、法的に確定されることになります。その意味で、憲法発布というのは、日本宗教史上大きな意味を持っています。それと同時に、民間の自由民権運動などを含む、それまでのさまざまな試行錯誤の末に、天皇中心の国家体制ができ上がります。こうして日本的な近代国家体制が確立していくことになります。

その後のさまざまな思想、あるいは宗教も含めての動向は、ある意味で、大日本帝国憲法の枠の中で動いていると言えます。しかし、ここで注意されるのは、憲法というのは、あくまで政治の大原則を述べたものであって、それだけでは抽象的な原理に止まってしまい、民衆の中に定着しません。それをどうやって定着させるかというところで、大日本帝国憲法発布の翌年に出された教育勅語（一八九〇年）が、非常に大きな意味を持ったわけです。つまり、教育勅語によって、天皇中心体制が国家道徳として、教育を通じて国民の隅々にまで定着されていくことになりました。

そうした動きに対して、教育勅語発布の翌年（一八九一年）、内村鑑三（一八六一～一九三〇）

による不敬事件が起こります。また、久米邦武《くめくにたけ》（一八三九〜一九三一）による「神道は祭天の古俗」という筆禍事件（同年）もあり、これらの思想弾圧を通じて、天皇制国家に対する自由な言論が一気に狭められていきます。

特に内村の不敬事件を受けて、翌年、哲学者の井上哲次郎《いのうえてつじろう》（一八五五〜一九四四）が主導して仕掛けた「教育と宗教の衝突」という論争が起こります。これにはいろいろな宗教者、研究者、ジャーナリスト等が発言をして、一八九二年から九三年にかけて、論争は大きな盛り上がりを見せます。しかし、この論争は基本的には初めから勝負が決まっていて、教育勅語をいわば錦の御旗に掲げる井上側が、言論そのものが制約されたキリスト教側を居丈高に攻撃して、キリスト教側は防戦一方に追いやられることになりました。

この論争に当たって、仏教界は基本的には井上側の主張に乗ることになります。それは、キリスト教を排撃するという点において、仏教界の立場と利害が一致したからです。ところが、この論争の主たる目的はキリスト教批判だったのですが、単にキリスト教に対する批判だけでなく、そのテーマが「教育と宗教の衝突」であったように、この批判の内容は、実質的には、宗教全体のあり方、つまり、近代の天皇国家体制の中で、はたして宗教がどういう位置づけを持つべきかということが問われていたのです。ですから、そういう意味では、ここで問われた宗教の問題は、仏教という宗教についても当然、当てはまるものでした。

井上は四つの観点から、キリスト教は日本の国家体制とは合わないことを主張しています。第一に「国家を主とせず」、第二に「忠孝を重んぜず」、第三に「重きを出世間に置いて世間を軽んず」、第四は「其の博愛は墨子の兼愛の如く、無差別の愛なり」という四点です（『教育と宗教の衝突』、一八九三）。

ここで井上は、キリスト教はこれら四点に全部当てはまるけれども、仏教の方は、ある程度、国家の言うことも聞くからいちおう許される、という態度を取りました。しかしよく考えてみれば、これら四点というのは、すべて仏教にも当てはまるはずです。したがって、仏教は国家の言うことを聞くから許されるというのは、言ってみれば仏教にとっては非常に見くびられたということでもあるでしょう。井上はその後「国民道徳論」を展開していきますが、その中で道徳心を強調し、宗教はやがて道徳によって取って代わられると主張するようになります。要するに、宗教を前近代的なものと見なすことで、根本的な宗教批判と言いますか、宗教に対して否定的な態度を取るようになっていきます。

そうなると、はたして仏教側としては、そのまま井上の主張に甘んじていいのかどうか、仏教の立場から、そういう国家や世間的な道徳に対して、自らの立場をどのように主張できるのか、そういうことが当然、問題になってくるわけです。

しかし、このことが問題にされてくるのは、実はかなり遅れてのことです。つまり、キリスト教では内村鑑三などが、ストレートにそういう問題を正面から提起したのに対して、仏教側で大きな問題になるのは、日清戦争（一八九四―九五年）と日露戦争（一九〇四―〇五年）の間の、だいたい一〇年間のことです。その中にあって、とりわけ典型的と言いますか、正面に立ったのが清沢満之だったのではないかと私は考えています。

したがって、今日の一般的な清沢論に対して、私の論点が多少違うとすれば、その辺りです。例えば、教育勅語の問題に、ストレートに清沢がどのように対応したかということよりも、むしろ、「教育と宗教の衝突」論争を踏まえた時点で、その次の対応ということが問題になってきます。それは清沢の場合、精神主義の時代になるわけですが、その時期の思想を、もう一度見直してみる必要があるのではないか、というのが私の見方です。

清沢は、もちろんそうした問題以前から活動をしています。『宗教哲学骸骨』が出版されたのが一八九二年で、一八九六年には『教界時言』を刊行して真宗大谷派教団の改革運動に乗り出しています。そうした活動は、もちろんそれぞれ評価されるべきところがありますが、ここでは、その後の精神主義の時代に焦点を当てます。

この時期は、清沢だけでなくむしろ仏教界全体が新しい運動を展開していった時期でもありました。この頃には大日本帝国憲法が成立していて、もうすでに政治運動が限界に至っていたのです。そういう時代状況の中で、外の社会に向けられていた眼が、個人の内面へと向けられていくことになります。そこで、宗教が大いに注目されてくるようになりました。しかもかつて先端的な活動を担っていたキリスト教は、内村の不敬事件もあって挫折し、いささか停滞しています。

ですから、新しい宗教活動では仏教の方が注目されることになります。キリスト教の挫折というだけでなく、時代全体にそれまでのヨーロッパからの宗教・思想の輸入と、それに基づく啓蒙主義的な発想から脱却して、日本の伝統思想や文化を見直そうとする動きが出てきます。日本主義とか国粋主義とかと言われるものです。時代がそういう方向に進んできたということが、背景にあろうかと思います。

そこで、ヨーロッパの新しいものばかりを読んでいた人たちが、もう一度、日本の古典を読み直し、あるいは仏典を読み直すという方向へと少しずつ転じていくことになります。その頃、政治・社会的な面では、日本の近代化がある程度の達成を見た状況になっています。日本は、日清・日露戦争で勝利し、同時にまた、一八九四年には「日英通商航海条約」によって従来の不平等条約を改正することに成功し、欧米の列強と対等に近い地位を得ることができました。こうして国家的・社会的なレベルでは、ある程度目標が達成されていきます。そうすると、今度はそれを支える、いわば近代的な個人というものをいかにして確立していくかということ、つまり近代化の中でも、近代的な個というもののあり方が問題になってきます。この時期は、そういう時期でもあったわけです。

この時期には、真宗では清沢満之がもっとも先端的な活動を展開していましたが、禅の方では鈴木大拙《すずきだいせつ》（一八七〇～一九六六）の活動が始まっています。日蓮宗系統では、田中智学《たなかちがく》（一八六一～一九三九）が『宗門之維新』（一九〇一年）を書いて、新たに在家の立場からの改革運動に乗り出しています。田中智学に強く触発された高山樗牛《たかやまちょぎゅう》（一八七一～一九〇二）もまた、この頃の精神運動の一つの軸となっていく人物です。

このように、心を探求していくと言いますか、内面化していく作業は、日露戦争の終わり頃に、綱島梁川《つなじまりょうせん》（一八七三～一九〇七）によってさらに深められます。綱島は、キリスト教の方から出発した人ですが、「見神の実験」と言われる、神と一体化する独自の宗教体験を発表したことによって、当時、大きな反響を呼びます。

綱島の「見神の実験」をめぐっては、「教育と宗教の衝突」論争に近いくらいの大論争に発展していきます。この場合も、批判する側の先頭に立ったのは井上哲次郎でした。井上らは、清沢、樗牛、梁川などの動向は、まさに主観主義に立つものであり、社会の問題から目をそらすものだと、厳しく批判しました。また、結核で若くして亡くなった彼らが、死に直面する中で生み出した思想だから、健全な思想ではないという非難もなされています。

しかし、こうした批判というのは、裏を返せば、まさにそういうところに彼らの思想の価値があるとも言えるわけです。いわば反社会的に、主観に籠もっていくことによって、井上らの国家主義的道徳主義に対する抵抗力を持ちえたのではないかとも考えられるわけです。その辺りが私の見方の中心になります。

三　清沢満之の思想

哲学と宗教

そうした思想状況の全体的な位置づけの中に清沢を置いてみるとき、その活動、あるいは思想が、本来的に二面性を有していると言いますか、なかなか一筋縄では捉えることが難しいところがあるように思われます。清沢は、教団改革を志して挫折したとばかりは単純に言えません。精神主義を唱導していくことによって、主観主義、あるいは内面主義を深めていく側面だけではなく、社会的な関心も強く持ち続け、一つの運動として社会に訴えようとしています。はたしてこれら二つの側面がどういうふうに関係しているのかということは、今日にも通ずる大きな問題です。

精神主義というのは、確かに主観主義的でありながらも、浩々洞《こうこうどう》という私塾を開くことで、単なる個人としての活動ではなく、その門人たちとの協働性を通じて、言ってみれば新たな社会性を得ようとしているとも言えるわけです。そう考えると、精神主義というのは、教団改革運動とまったく矛盾するとは言えないわけで、むしろそういう内観を通して、いかにそれを外へと展開していくことができるのかという問題になるのです。しかし、それは非常に難しい問題で、それへの道筋をつけようとしながら、清沢は必ずしも十分に論理化できていないと思います。それはそのまま、その後の問題として残されていくことになります。

それから、清沢の果たした役割ということですが、一方では先ほど言いましたように、近代化という側面を非常に強く持っています。それは近代社会の枠組みが作られて、その内実を新たに満たしていくという意味で、まさに個人の心の宗教という性格を深めていくことです。その点から言えば、非常に合理的な論理構造を持っています。清沢は哲学から出発していますので、哲学的な論理性を強く持っています。しかし、それだけに留まりません。清沢は、単純に宗教の合理化、近代化に終始するのではなく、むしろそういう合理主義的なものを乗り越えようとしていく、近代主義的なものを乗り越えようとしていく面も持っているのではないかと思います。清沢が今日でもなお新鮮なのは、この点においてです。

これは、一時代前の井上円了《いのうええんりょう》（一八五八〜一九一九）と比べてみるとよく分かります。井上は、あくまで仏教を哲学化しようとします。そして、合理的なかたちで理解しうるものとして、仏教を再編しようとするわけです。ところが、それに対して清沢の場合は、そういうかたちで合理化しえないところに、宗教というものを求めていったわけです。そこで、その合理主義と主観主義の関係というものがどういうふうになっていくのかということが問題になってきます。

清沢の場合、それは、合理主義的な発想を突き詰めていくときに、その合理主義の限界に突き当たり、その限界を乗り越えるかたちで出てくる、そういう意味での非合理主義と言っていいだろうと思います。したがって、一面では徹底的に合理主義化がなされていきます。それは、例えば、非神話化と言われるような形態を取ります。その中で、来世の極楽浄土というような発想が否定されますし、また、極楽に阿弥陀仏がいるというようなかたちでの、素朴な阿弥陀仏や極楽浄土の実在論が否定されることになります。

そうした否定を通して、それらは内面化されていくことになります。その意味で言えば、清沢の取った道は、非常に近代的なものであって、合理主義的な方法であるということが言えます。ただそれは現世的・世俗的な論理によって解決するのではなく、そういう世俗的・現世的な論理が行き詰まるところに求められた非合理性というふうに考えていいだろうと思います。

清沢の思想、あるいは宗教は、このような位置づけの中で考えていく必要があります。しかし、この点について、今はあまり立ち入って論ずることはいたしません。以前、拙著『明治思想家論』（トランスビュー、二〇〇四）に書いたことを超えて大きな進展があるわけではありませんので、ごく大まかに、今問題になるところだけを取り上げておきます。

まず指摘しておきたいのは、『宗教哲学骸骨』から出発した清沢の思想が高度に哲学的であるということは、用語のうえにも現われています。後の精神主義に至るまで、「無限」であるとか、あるいは「絶対無限」であるというような言い方で、阿弥陀仏や浄土の特殊性を排除して、いわば一般化したかたちで議論しています。したがって、清沢の意図としては、そうした宗教の普遍的な構造を解明するという方向性が強かったのではないかと思います。その点で、清沢の思想は、後の清沢門下の人たちに比べて、哲学的性格が強かったと言えます。無限者、あるいは絶対無限という言い方をされるものに対して、有限者である我々がどう関係できるのかという、「無限」対「有限」という対立軸は、非常に大きな問題になってきます。

ただ、初期においては、宗教と倫理の問題は比較的調和的なあり方で、楽観的に考えられていたように思います。それが晩年の精神主義では、非常に突き詰めたかたちで、むしろ道徳的・倫理的な領域と鋭く対立するものとして、宗教を打ち立てようとしているように見受けられます。そのことが、まさに先ほどの「教育と宗教の衝突」論争に対する、いわば清沢の答ともいうべきものと考えられます。井上哲次郎によって提出された道徳万能主義、つまり、宗教はやがて道徳の中に吸収されてしまうという見方に対して、道徳には収まりきらない問題として、清沢は宗教の問題を提出することで、宗教の独自の領域を確立させたと言えます。この点が、清沢の果たした大きな役割と言いますか、思想史的に非常に大きな意味を持ったところではないかと思います。このことは、まず宗教の問題を徹底的に内面的な主観主義の立場で見ていくことに出発点を持つものです。そこには、ある面では哲学的な問題に対する関心を持続しながらも、宗教の問題を哲学の問題と大きく違うものとして、両者の違いを明白にしていくところがあります。

と言うのは、哲学の問題は、世界の構造を明らかにしていくことにあり、それに対して宗教の問題は、そういう外側の、客観的な問題というものはさておき、あくまで主観的な、内面の問題へ目を向けます。そういう宗教の基本的な性質を清沢は明らかにします。それは島地黙雷によって提示された心の問題を、より深いレベルで捉えることになるわけです。ですから、それまで阿弥陀仏とその極楽世界が、いわば外的な実在として理解されていたのに対して、まさに主観的な内面に深く入り込んでいくときに、その内面において出遇われる存在として捉え直されていくことになります。

そのことで、宗教の問題は、外側の問題を扱う科学とか世俗社会の問題と関わらないかたちで、明治という時代に新たな領域を開いていくことになりました。そこで出遇われる自己ならざるものとしての他者こそ、まさしく絶対無限者としての阿弥陀仏であったということであろうと思います。そうやって、いわば外側と切り離された内面へと沈潜していくという点において、すでに道徳の領域と宗教の領域とは、まったくレベルの違う問題となっているわけです。

宗教と倫理

当然、そこには道徳から宗教へという大きな転換がなければなりません。そのことを清沢は、無限責任から無責任への転換というかたちで表明しています。この世界は、あらゆるものがすべて絡み合って成り立っていますが、それを清沢は万物一体の理と言います。それを仏教的に言えば、まさに「縁起」の世界ということになります。そうとすれば、世界中のあらゆる問題は、すべてが関係しあっているのだから、私は世界中のあらゆることに責任を持たなければならないことになります。それが無限責任です。しかし、その責任を真面目に果たそうとしても、それはもう到底不可能なわけです。絶筆となった「我は此の如く如来を信ず」(「我信念」)に、そこのところがかなり明確に論じられています。「若し真面目に之を遂行せんとせば、終に「不可能」の嘆に帰するより外なきことである。私は此の「不可能」に衝き当りて、非常なる苦みを致しました」(『清沢満之全集』第六巻三三四頁)と告白されているとおりです。

無限の責任を引き受けるという姿勢において、その無限責任の不可能性が顕わになり、今度は、その責任をすべて如来に預けることで、自分の背負う責任が如来に転嫁され、自分は無責任に転ずる。その劇的な転換が、宗教的な回心に当たると考えられます。そのことによって倫理道徳の立場から宗教の立場へと転換していくことが可能になるのです。したがって、この立場に至ると、すべて弥陀の命ずるまま、絶対無限者、あるいはここでは無限大悲とも言われていますが、如来の命ずるままに従うことになります。

これは、非常に極端な例ではありますが、例えば、道端に病気の人がいたときに、「無限大悲が吾人の精神上に現じて、介抱を命じたまはば、吾人は之を介抱し、通過を命じたまはば、吾人之を通過するなり」(「精神主義と他力」『全集』第六巻七四―七五頁)と言われているように、その人を介抱するかどうかは、個人的な道徳のレベルの問題ではなく、あくまでも「吾人の精神上に現じ」たところの無限大悲がどのように命ずるかというところから見ていくべきだということになるわけです。

そうなってくると、もう通常の倫理道徳の世界は崩壊することになります。本当に究極的な宗教の立場に立てば、倫理道徳のレベルは解体してしまいます。清沢の有名な言葉に、「真面目に宗教的天地に入らうと思ふ人ならば、……（中略）……親も捨てねばなりませぬ、妻子も捨てねばなりませぬ、財産も捨てねばなりませぬ、国家も捨てねばなりませぬ、進んでは自分其者も捨てねばなりませぬ。語を換えて云へば、宗教的天地に入らうと思ふ人は、形而下の孝行心も、愛国心も捨てねばならぬ。其他仁義も、道徳も、科学も、哲学も一切眼にかけぬやうになり、茲《ここ》に始めて、宗教的信念の広大なる天地が開かる、のである」（「宗教的信念の必須条件」『全集』第六巻七七頁）というのがあります。

これによれば、世俗的なものの一切が捨てられることになります。これはある意味で、宗教の領域を開こうとすれば、当然と言えば当然のことでしょう。そういった世俗的なものをすべて捨てることで、初めて出世間ということが成り立つわけです。基本的には、仏教の出家というのはそういうものでしょうし、そう言ってしまえば、これは必ずしも新しい発想ではありません。しかし、その論理を初めて近代という場の中に置き換えて明確化したという点で、清沢の果たした役割は大きかったと思います。

こうして提起された問題は、まさしく井上哲次郎によって惹き起こされた「教育と宗教の衝突」論争における宗教批判に対して、宗教独自の立場を明らかにするという意味を有することになります。井上の批判に対して、かなり遅れてからですが、ようやく仏教側からの反論が出されたと考えることができます。それは、井上の道徳主義に対して、あくまでそれを超えるものとして宗教の領域を確立することになります。宗教は道徳を超える価値を持つことにより、道徳に優越します。それゆえ、宗教を道徳に還元することはできません。これは、井上の道徳主義に対するきわめて有効な反論ということができます。

ところで、かつての出世間的な出家は、文字通り、世俗を捨てて山の中に入っていくかたちを取りましたが、それに対して清沢は、ずっと世俗の社会の中で生きるという道を取ります。しばしば「世俗内超越」と言われるように、世俗の中にいながら、世俗を超越するという道が求められます。

そうなると、世俗の社会の中にありながら、しかも世俗的な倫理道徳を捨てるということが、いったいどういうふうに可能なのかが、非常に大きな問題になってきます。宗教を世俗道徳の上に立てるということが、世俗社会の中で主張されるならば、その主張は世俗社会へ向けてのメッセージであり、社会的にインパクトを持つことになります。そういう言説はすでに社会的な行為であり、その活動がはたして社会的にどういう意味を持つのかということが、否応なく問いかけられ、あるいは問い戻されていくことになります。

とりわけ、国家をも超え、愛国心をも捨てるということになると、当時次第に強くなりつつあった国家主義に対して、それを批判し、国家を相対化する方向を取ることになります。日露戦争開戦は、清沢没後になりますが、雑誌『精神界』に拠った門人たちの中には、一方で好戦派がいたと同時に、もう一方では宗教的価値を上に置くことで、反戦とは言えないまでも、戦争に懐疑的な主張もなされました。そのような点では、清沢の思想は大きな社会的意味を持つものです。

ところで、いくら世俗的な価値を超えることを説きながらも、世俗を離れないとすると、すでに実質的には世俗的な価値の中に取り籠められてしまうのではないか、という疑問が起こります。実は清沢の大きな問題点はここにあります。確かに一度は、「国家も捨てねばなりませぬ」とか、「愛国心も捨てねばならぬ」というようなかたちで、世俗道徳、さらには国家とか愛国心というものを否定しながら、ところがもう一度そこから、「一度如来の慈光に接して見れば厭ふべき物もなければ、嫌ふべき事もなく、……（中略）……国に事ある時は銃を肩にして戦争に出かけるもよい、孝行もよい、愛国もよい」（「宗教的信念の必須条件」『全集』第六巻七八―七九頁）という具合に、逆に全面的な世俗道徳肯定へ、いとも簡単に転換してしまうという、そのところが、清沢がしばしば批判にさらされるところです。

もっとも、山本伸裕氏の研究によりますと、「宗教的信念の必須条件」の文章は、弟子の暁烏敏の手が多く加わっており、直ちに清沢の思想を表したものとは言えないということです。どうも清沢はこの問題に対しては、必ずしもはっきりした答を出していないように思います。もう少し彼が長く活動を続けていたとすれば、たぶん何らかのかたちで、次のステップになるような思想を展開していっただろうと思いますが、残念なことにその前に亡くなってしまいました。その後、門人たちによって、問題意識は持たれ、さまざまな意見は出されながらも、それが十分な哲学的議論として深められるには至りませんでした。

清沢においては、道徳のレベルを超えたものとして宗教を提示することに主眼が置かれ、そこから道徳がどう開けるのかという、言ってみれば、往相に対する還相的な問題というのは、必ずしもまだ十分には考えられていなかったのではないかと思います。例えば、「宗教と道徳の区別が明かでありて宗教者は宗教の分を守り、道徳家は道徳の分を守りて各其能を尽せば各其功績を国家社会に貢献することである」（「宗教的道徳（俗諦）と普通道徳との交渉」『全集』第六巻一五八頁）と言っているように、この時点では、あくまで自分は宗教者として宗教の問題を解明していくのだ、道徳の問題は、道徳の専門家が考えるべきことだ、と切り分けていたようです。

ただし、「倫理以上の根拠」という文章では、有限者間の倫理はそれだけでは成り立たず、倫理以上の「絶対無限」の根拠が必要だと言っています。そこでは、宗教と倫理は切り分けられず、宗教なき倫理の自立が批判されています。このような曖昧さを残しつつも、清沢が倫理道徳絶対主義を批判して、それを超えるものとして宗教の領域を確立しようとしたことは間違いなく、それは大きな成果であったと言うことができます。

四　清沢満之の今日的意味

清沢評価をめぐって

真宗の中での清沢評価というのは、いろいろと論争されているようですが、私はそれを一つひとつ追ってはいません。久木幸男さんの著書『検証　清沢満之批判』（法蔵館、一九九五）で、これまでの論争の経緯がかなり整理されていますし、その辺りを前提にしながら、またいろいろと論争がされているようです。菱木政晴さんの『非戦と仏教――「批判原理としての浄土」からの問い』（白澤社、二〇〇五）のように、ラディカルな立場からの清沢批判もあります。

ただ、これらの批判や論争を見てみますと、やはり正直に言って、何か宗門内、あるいは宗派内の自分たちの文脈だけで議論しているような感じがあります。それがどれだけ普遍的なレベルで、外側にまで持ち出せるのか、思想的問題になりえているのかということについては、私などは非常に疑問に思います。その議論の図式自体が、わりとステレオタイプ化したかたちなのです。戦後ずっと真宗大谷派の中で正統派であり続けてきた清沢系の近代教学に対して、おそらく初めの頃は右からの反発というものが強かったように思いますが、最近では、むしろ左の側からの攻撃というのがかなりあるようです。また、本願寺派の方から、大谷派の清沢を排撃するような傾向も見られます。言ってみれば、そうしたきわめて内部的な抗争であって、また政治的なレベルで、右か左かというような問題になってしまっていて、本当に宗教の問題としてどれだけ深められているのだろうかという感じがします。

今申しましたように、清沢には確かに国家批判ということも出てきますし、教育勅語にも批判的な見方をしていたと言えます。ただ、そういうレベルだけで捉えるのは、清沢の思想を極端に政治化してしまうことになってしまいます。むしろ清沢が果たした役割のうち、もっとも特筆すべきことは、そのような政治的なレベルでは捉えきれない問題として、宗教の問題を提示している点にあるのではないかと思います。それを政治的な国家主義や天皇制、あるいは教育勅語を認めたか認めなかったかといった、そのようなレベルの問題にしてしまうのは、清沢が果たした本来的な役割をずらしてしまうのではないかと思うのです。また、清沢を、先ほど触れたような明治の思想史の流れの中できちんと位置づけることをせずに、清沢だけを突出して捉えることになってしまう恐れもあります。やはり、当時の時代状況の中に置き直してみなければならないと思います。

そこには、戦後の大谷派の正統派の近代教学や同朋会運動をどう評価するかという問題が絡み、あわせて、それ以前の清沢門下が担った戦時教学に対する批判という問題も関係します。もちろんそのような歴史的な展開をきちんと考えていくことは必要ですが、他方では、清沢の思想そのものと、その後に展開されていく宗派としての真宗のあり方の問題とは、必ずしも一つにはできないところがあります。そういうレベルの違うものが、混同されているように思います。そこから、清沢満之を全面的に崇めるのか、もしくは全面的に否定してしまうのかといった、二者択一の問題になってしまって、清沢の思想的意義を冷静に見ていくことができない事態が、現在に至るまで引き続いているような印象があります。

最近、今村仁司さんなどによって、清沢の問題が宗派の外に持ち出されていることは、非常に重要なことと思います。宗派内部に留まらず、近代の重要な宗教哲学の成果として見直されていくべきではないかと思います。私自身、『仏教vs.倫理』（ちくま新書、二〇〇六。増補版『反・仏教学』、ちくま文庫、二〇一三）の基本的な発想は、ある意味で清沢からの問題をストレートに受けて出てきたものです。このように、清沢の思想は、十分に現代に生きた思想としてはたらくものです。

清沢の他者論

先ほども申しましたように、清沢の、特に精神主義の立場のいちばん重要なポイントは、世俗の倫理道徳レベルでは捉えられない「宗教」という問題を提起したことにあります。神仏という他者に対して、外側の世界からではなく、主観的な事実として、あくまで内面の問題として自己を深めていく中で他者と出会うというかたちの、新しい他者との出会い方を清沢は提起していると思います。これは例えば、フランスの哲学者レヴィナス（一九〇六〜一九九五）の言う「他者」とも十分比べうるだけの新しい他者の捉え方であろうと思います。

この点で、清沢の他者論は非常に重要な意味を提起していますが、そこに問題があるとすれば、彼の言う絶対無限者が「他者」として捉えられるときに、はたしてそれが本当に「絶対」であるのかということです。これは、もっと言えば、仏教における「仏」をユダヤ系の一神教的な神という絶対他者と較べた場合に、簡単に同一視できるかという問題です。

究極的な絶対他者というのは、人間の方から関わりを持とうとしても、常にその関わりを超えるところにあるものです。そもそも、「存在」とか「無」とかを超え、人間の把握を超えているはずです。したがって、究極の絶対者というのは、我々の側からは捉えようもなく、関係を持つこともできません。関係は、神の側から一方的に与えられるものであって、我々の自由になるものではありません。しかし、清沢の見出した他者は、逆に我々に関係するものとしての他者だったのです。それは端的に、「私共が神仏を信ずるが故に、私共に対して神仏が存在するのである」（「宗教は主観的事実なり」『全集』第六巻二八四頁）というように、関係を存在に優先させるという他者の捉え方です。

このことは、非常に重要な意味を持つのではないかと思います。仏は、あくまで相互関係の中で捉えられる他者であって、関係を超越した絶対他者、一方的にしか与えられないような他者とは違うと思います。ユダヤ系の神は天地に先立って存在する創造神であり、どこまでいっても人間の側から進んで関係性を持つことはできません。それを常に超越していくような存在であって、したがって、清沢の言う絶対無限者とはまったく性格を異にしています。

第一章で示した図式で言いますと、ユダヤ系の一神教は図1で表わされます（二一頁参照）。それに対して、仏教的な仏＝他者は、図3における「冥」なる世界において理解されます。阿弥陀仏であっても法蔵菩薩という人間がなったのであって、絶対的な超越者として我々の世界から隔絶しているわけではありません。清沢の場合、それを絶対無限と表現することで、図1の図式にきわめて近づいています。実際、そこにはキリスト教の影響があったのであろうと思います。それゆえ、清沢が切り開いた他者論を受け継ぐとともに、それを図3の図式に引き戻して、もう一度仏教的な他者論として再構築していくことが必要なのではないかと思います。

宗教と倫理再考

もう一つは、宗教と世俗の倫理・道徳の問題です。これは、例の真俗二諦説から、いわゆる戦時教学へとつながる大問題となります。他章で触れたように、今日でも、真宗でボランティア的な活動をどう位置づけるか困難という問題が再燃しています。

ここでまず言えることは、確かに清沢が指摘したように、簡単に宗教が道徳の問題と整合的であるとは言えません。ある場合には、道徳に背くこともあると考えられます。このことは、山折哲雄さんの『ブッダは、なぜ子を捨てたか』（集英社新書、二〇〇六）という本の中で、仏教が抱える問題として分かりやすく示されています。

ゴータマ・シッダールタは、我が子を捨てて出家しますが、子を捨てるより以前に、そもそも自分の息子に対して、「ラーフラ」という「悪魔」を意味する名前を付けています。しかも幼い我が子を捨てて出家してしまいます。そういうブッダのやり方は、今の社会に置き換えてみれば、子どもに対する一種の虐待であり、育児放棄とも言えるものですから、とてもそのようなことは認められないことです。しかし、あえてそういう非道徳的なことをせざるをえなかったところに、ブッダの宗教というのは開けてくるのだ、と山折さんは問題を提起しています。まさしく清沢が言うように、親をも捨て、妻子をも捨てることです。そこに初めて世俗に捉われない悟りの世界が開かれます。

そもそも私たちは、世俗の道徳だけでは解決できない衝動を抱えていて、それこそ醜い煩悩の塊です。それどころか、自分自身を覗き込んでみれば、煩悩という言葉でさえ捉えられない、もっと不可解で不定形な何かに至り、慄然とします。自分で自分が分かっているなどとはとても言えません。自分が何をしだすのか、自分にも把握しきれません。私は私にとってもっとも身近でありながら、もっとも不可解な他者です。その不可解な他者と関わるのが宗教だということができます。

オウム真理教には一部の宗教学者が共感を示して賛美したのに、後にその犯罪が暴かれて大きな衝撃を与えました。私はほとんどそれに共感を持つことができませんでしたが、だからと言って、自分が正しかったと偉ぶるつもりはありません。誰でもオウムに惹かれるところはあります。まさしくそれは人間の最も奥深く暗いところにフィットしていたということができるでしょう。宗教はそれを吸収するので、倫理道徳を超えて暴走することもありえます。私の図式で言えば、倫理道徳が「顕」の領域に留まるのに対して、それを超えて「冥」の領域に突っ込んでいくのが宗教だということができます。

このように、倫理を超えたところに宗教の意味を見出した点は、清沢の大きな成果です。しかし、すでに指摘したように、それでは、宗教はまったく倫理と別領域のことになってしまうのか、宗教から生まれる倫理というものはないのか、その辺りが未解決ということになります。

キリスト教の考え方であれば、神はまさしく全知全能なわけですから、すべてが分かっているわけです。ですから、そこから倫理道徳を含めて、あらゆる原理が出てくることになります。世俗の倫理道徳も、神が命じたとおりに行うということから出てきます。しかし仏教の場合に、はたしてそれと同じことが言えるでしょうか。いったい、ブッダの悟りは、どこまでを含んでいるものなのでしょうか。キリスト教的な神であれば、神は今日の科学の最先端まですべて知っているはずです。いま現在、いろいろと問題になっているような、生命倫理であれ、何であれ、神においてはすべて解決がついているということになるはずです。しかし、ブッダは、はたしてそこまでの細かい知識を持っているのだろうかということになると、どうもそれは疑わしいように思います。悟りを開いたからといって、あらゆる問題に対処できるようになるかというと、やはり仏教の場合、そうは言えません。そこに、超世俗性あるいは出世間性と、世間的な倫理性の間に一元化できないところが出てくるわけです。

しかし、それでは仏教は世俗倫理とは完全に区別され、それと関わらないのかというと、そのような二項対立的な見方も疑問です。中村元先生などが盛んに言われたように、原始仏教の中には世俗倫理的な面が非常に強くあります。日本の近世の仏教を振り返ってみれば、そこでは仏教者が盛んに世俗倫理を説いており、宗教と倫理の対立は近代のように厳しいものではありませんでした。今日、ダライ・ラマなどは、仏教の立場から科学の問題や世俗倫理の問題へも積極的に発言しています。そもそも第一章で考察したように、大乗仏教の菩薩が他者との関係というところから出発しているとすれば、その他者との関係をどうしていけばよいのかという倫理の問題も、本来そこから出てこなければならないはずです。

今ここで、それについてあまり立ち入ることはしませんが、私が最近注目しているのは、ケアの倫理ということです。これまで倫理は正義という立場から、それをどう貫くかということが問題とされていました。正義は相手が何を言おうが、自分が正しいと考えることをひたすら実現していくことを求めます。ところが、それが行き着いた先が、アメリカのイラク戦争のように、正義対正義のぶつかり合いになってしまいます。正義を貫くということだけでは済まない問題が出てきています。

それに対して、もともと子供の育児や教育、あるいは病人の看護、老人の介護というようなケアの問題を考えると、そこでは一義的な正義など成り立ちません。そうではなく、相手にどのように応ずるかという関係性が最大の問題となります。まさしく関係が存在に先立つのです。これはかなり仏教的な世界観、人間観に近づいてきます。

今のところ、ケアの倫理はあまり宗教の問題には立ち入らないようです。しかし、それを二一頁の図3のように、他者領域に開いていけば、死者や神仏をも含めた広い関係のネットワークができてくるように思います。

そうとすれば、倫理の領域と他者の領域は絶対的に対立するものではなく、むしろ流動的で境目は曖昧であり、相互に出入りするものと考えるほうがよいでしょう。宗教の立場から、神が道徳原理を一義的に命ずるのではなく、他者との相互関係の中から、どのような関係を築いていけばよいか考えていくところに、新しい倫理の可能性が出てくるのではないでしょうか。

以上、七章に亘って、浄土教のさまざまな問題を考えてきました。長い歴史の中で、浄土教は多様な様相を示してきました。「はしがき」に述べたように、その流れを見ていくと、一義的に合理化された理論では解明できない曖昧な両義性があることが明らかになります。他者性と空、来世と現世、死者と生者、自力と他力、倫理と宗教など、一方的に決めつけられない両義性の中で、しかし、だから曖昧のままでよいというわけでもなく、その矛盾を問いつめ、考えていくことこそ、本当に重要なことではないかと思われるのです。

初出一覧（カッコ内は講演の場所・開催日）

第一章「現代における浄土教の課題」　『真宗学』一二五、龍谷大学真宗学会、二〇一二年四月（龍谷大学真宗学会、二〇〇九年一一月一〇日）

第二章「念仏の源流」　『浄土真宗総合研究』四、教学伝道研究センター、二〇〇九年三月（原題「念仏の源流と展開」）（本願寺派教学研究所教学シンポジウム、二〇〇七年一二月四日）

第三章「仏教の東アジア的変容」　吾妻重二・小田淑子編『東アジアの宗教と思想』、丸善出版、二〇一一年九月（関西大学寄付講座講義「東アジアの宗教と思想」、二〇〇九年一〇月二九日）

第四章「浄土教における現世と来世」　『前近代日本の史料遺産プロジェクト研究集会報告集』、東京大学史料編纂所、二〇〇三年三月（東京大学史料編纂所シンポジウム、二〇〇一年七月六日）

第五章「本覚思想と中世仏教」　智山勧学会編『中世の仏教――頼瑜僧正を中心として』、青史出版、二〇〇五年五月（原題「鎌倉仏教と本覚思想」）（智山勧学会、二〇〇〇年一一月一八日）

第六章「新しい親鸞像をめざして」

第一節「近代的親鸞像を超えて――思想を中心に」　『白道』一三、真宗大谷派金沢教務所、二〇一一年六月（真宗大谷派金沢教区教学研究会、二〇一〇年一一月一日）

第二節「新しい親鸞像をめざして――伝記を中心に」　『信道講座講義録』、真宗大谷派名古屋別院、二〇一二年一二月（真宗大谷派名古屋別院信道講座、二〇一二年六月一〇日）

第七章「清沢満之における宗教と倫理」　『現代と親鸞』一四、親鸞仏教センター、二〇〇八年三月（親鸞仏教センター清沢満之研究会、二〇〇六年一〇月一三日）

（＊各章ともに、大幅に加筆修正を行った）

末木文美士（すえき　ふみひこ）
1949（昭和24）年、山梨県甲府市生まれ。1973年東京大学文学部印度哲学科卒。1978年東京大学大学院博士課程修了。東京大学名誉教授、国際日本文化研究センター教授。専門は仏教学、日本思想史、比較思想。
著書に『日本宗教史』（岩波書店）、『反・仏教学：仏教vs.倫理』（筑摩書房）、『鎌倉仏教展開論』『他者・死者たちの近代』（トランスビュー）など。

浄土思想論
二〇一三年七月二五日　第一刷発行
二〇一五年二月二五日　第二刷発行
著　者　末木文美士
発行者　澤畑吉和
発行所　株式会社春秋社
東京都千代田区外神田二―一八―六（〒一〇一―〇〇二一）
電話（〇三）三二五五―九六一一（営業）
（〇三）三二五五―九六一四（編集）
振替〇〇一八〇―六―二四八六一
http://www.shunjusha.co.jp/
印刷所　信毎書籍印刷株式会社
製本所　黒柳製本株式会社
装　丁　美柑和俊
定価はカバー等に表示してあります。

ISBN978-4-393-13571-6